acheté pour
à la Gare Montpar-
19 avril 2006

lu en partie dans
un TGV vers Rosporden
et terminé le 5 mai
- à Rimouski

Bonne Lecture
yvette XX

LES ÂMES CRIMINELLES

GUY AUTHIER

LES ÂMES CRIMINELLES

23 juin 1940
Chronique méditative

roman

ÉDITIONS DU ROCHER
Jean-Paul Bertrand

© Éditions du Rocher, 2004.
ISBN 2 268 04963 9.

À Allan KARDEC, qui écrivit :
« On peut dire que les esprits sont les êtres intelligents
de la création. Ils peuplent l'univers
en dehors du monde matériel. »

À Sylvie, Alexandra et Michel.

AVANT-PROPOS

Très tôt, le matin du 23 juin 1940, Adolf Hitler décide de visiter Paris en vainqueur total. La capitale de l'Empire français devra subir cet affront et, comme une fille, se donner en spectacle intime au Führer.

Mais ce qui comptera ce jour-là pour celui-ci, ce n'est pas tant la jouissance du vainqueur à savourer sa prise, que la rencontre étrange entre l'esprit et l'âme de Napoléon Bonaparte avec l'esprit et l'âme pervertis d'Adolf Hitler.

Une rencontre sous forme de spiritisme entre les deux êtres, le vivant et le spirituel mélangés pour le pire et pour le meilleur. Nous livrerons peut-être des secrets enfouis dans l'au-delà où l'un et l'autre se rejoignent.

CHAPITRE 1

Le jeune Pierrot, sur sa bicyclette, enivré de l'air frais de Paris, va à la rencontre de tous ces esprits à saisir et à aimer.

Ce frissonnant matin pesant de vie à vivre simplement, le souffle amer de la fausse liberté va caressant sa joue enfantine, où sèchent en riant de sa jeunesse quelques pleurs gracieux.

Paris 23 juin 1940, cinq heures du matin. À part le stationnement d'une superbe traction noire, une 15 CV, la rue des Grands-Champs est déserte ; cette absence de vie humaine est normale à cette heure, matinale pour un dimanche ; elle est cependant comblée par la résonance de multiples et ravissants chants d'oiseaux qui parviennent du petit square des Ormeaux. Cette symphonie bucolique est le signe infaillible que la journée qui commence sera magnifique en ce premier dimanche d'été de 1940.

Ce jour-là, comme chaque semaine régulièrement, et malgré la douloureuse occupation de Paris par les forces allemandes, Pierrot se réserve tout un espace d'évasion hors de sa vie de jeune ouvrier peintre.

Pantalon de golf à carreaux très à la mode, muni de sa musette, Pierrot enfourche sa bicyclette pour profiter vite de ces heures matinales délicieusement fraîches à cette époque de l'année. Il part à l'aventure vadrouiller dans son Paris qu'il aime tant.

Ce dimanche matin, le parcours c'est la place de la Nation, la Bastille, la rue de Rivoli, puis la place Vendôme abandonnée, où seuls deux soldats en vert-de-gris patrouillent au pied de la colonne qui perpétue le souvenir des victoires napoléoniennes.

Pierrot, ce fils d'émigrés italiens, aime sentir sur son visage cette brise matinale, d'une odeur très particulière, unique, indéfinissable, que seuls les vrais amoureux de Paris peuvent discerner et savourer. C'est pour lui une sorte de jouissance intime que de traverser Paris seul, dans une champêtre innocence, de découvrir à chaque angle de rue des plaisirs tranquilles et mystérieux, dans une ville qui sommeille encore, où chaque quartier a son parfum et son climat. Pierrot aime, sur son vélo, murmurer ou siffloter une nouvelle chanson sur chaque paysage de Paris.

Avec la force de ses dix-huit ans, il peut ainsi rouler sur sa bicyclette pendant des heures dans la ville, faire une pause à la terrasse d'un café, et regarder tristement ce peuple parisien accablé et vaincu, soumis à l'écœurante et écrasante présence, tellement convenable pour l'instant, des soldats de la Wehrmacht.

14

Depuis quelques semaines, la peur de l'envahisseur a fait fuir nombre de Parisiens ; de trois millions il n'en reste qu'un gros quart. Un exode précipité dans une pagaille monstre a jeté sur les routes de France tous ceux, « les partants », qui ne voulaient pas ou ne pouvaient pas subir cette humiliation, ou encore et surtout étaient pressés d'éloigner leur famille de ce mauvais rêve éveillé. D'autres, entraînés par un étrange instinct séculaire, voulaient fuir leur mort programmée par les nazis.

L'occupant attendait de Paris la soumission totale réservée au vaincu. La proclamation, à cet égard, du commandant en chef du groupe d'armée, le général von Bock était claire, on pouvait le comprendre sur l'affiche qu'il avait fait placarder dans tout Paris :

Peuple de Paris

Les Troupes Allemandes ont occupé Paris.
La Ville est placée sous le Gouvernement Militaire.
Le Gouverneur Militaire de la région de Paris prendra les mesures nécessaires pour la sécurité des Troupes et pour le maintien de l'ordre.
Les ordres des Autorités Militaires devront êtres exécutés sans conditions.
Évitez chaque action irréfléchie.
Tout acte de sabotage, actif ou passif, sera sévèrement puni.
Il dépend de la prudence et de l'intelligence de la Population que la Ville de Paris profite des avantages réservés à une ville ouverte.

Les Troupes Allemandes ont reçu l'ordre de respecter la population et ses biens, sous la condition que cette population reste calme.

Chacun doit rester à son foyer ou à sa place de travail et reprendre ses occupations.

C'est le meilleur moyen et la meilleure façon pour chacun de servir, à la fois la Ville de Paris, sa Population et soi-même.

CHAPITRE II

Dans sa sanglante rage, devenu maître avec ses liens de fer, sa furieuse pensée livrée à de lâches tortures, déchirant notre patrie, le fanatique meurtrier vient chercher à déguiser vos chaînes et vos entraves de son sourire noir de haine et de crimes maudits.

Paris, 23 juin 1940, cinq heures du matin. Hitler va bientôt atterrir au Bourget, en provenance de son quartier général de Bruly-la-Pêche près de Mézières ; il est à bord de son avion personnel piloté par le capitaine Hans Baur. Le Führer vient à Paris savourer l'accomplissement de l'un de ses plus profonds désirs : visiter la capitale française. À ses yeux l'un de ses plus étonnants triomphes consiste à être le maître de Paris, ce Paris devenu esclave du plus fort. En effet, la croix gammée, flottant sur la ville, est pour lui la réalisation concrète et inespérée de l'un de ses fantasmes de conquête.

Un temps magnifique, un atterrissage parfait de Hans Baur, l'avion est rapidement entouré d'officiers, qui aussitôt entraînent Hitler vers sa Mercedes noire décapotable. Le Führer s'installe à côté du chauffeur ; derrière lui, entassés, on remarque Albert Speer, Arno Breker et les aides de camp.

Rapidement, la spectaculaire colonne des grosses Mercedes prend la direction du centre de Paris.

Botté, ganté, sanglé dans son ample manteau de cuir boutonné jusqu'au col, sa casquette enfoncée jusqu'aux yeux, le tombeur de l'impériale grande armée française, bien calé au fond de son siège, a pourtant l'air morose et renfrogné ; il l'a cependant voulue et désirée, cette visite impromptue du Gross Paris devenu en peu de temps sa chose. Sa voiture roule maintenant sur des chaussées grises et désertes qui n'ont rien du tapis rouge réservé au glorieux vainqueur de la guerre. Les Mercedes filent comme des voleuses de misère au milieu de tristes immeubles aux fenêtres bien closes, immeubles populaires meurtris par la honte d'être encore debout pour servir de paysage à l'envahisseur. Ces faubourgs de Paris, dans ce petit matin, ressemblent étrangement à un décor usé de *M le maudit* ; tout le réalisme du cinéma noir allemand a l'air présent dans cette incursion blafarde et sinistre ; nous sommes loin, très loin de l'entrée triomphale de César dans Rome ; Hitler ressemble plutôt à un lugubre spectre perverti, furtif et méfiant, pénétrant dans une ville fantomatique, montrant le visage meurtri et douloureux d'une capitale violentée et trahie par les siens.

Depuis la veille, Hitler a signé l'armistice avec nos traîtres nationaux qui ont osé déposer aux pieds de ce pervers leurs propres peuples, dorénavant enchaînés aux malheurs et aux crimes, ensevelissant sans vergogne leur infamie par d'inépuisables sourires serviles à leurs nouveaux maîtres.

À l'entrée de Paris, d'autres Mercedes rejoignent le cortège du conquérant ; on y trouve pêle-mêle le gratin des bêtes venimeuses de l'Histoire, le lieutenant-colonel Speidel, organisateur du circuit, le général Keitel, chef du haut commandement de la Wehrmacht, le Reichsleiter Martin Bormann, les généraux Bodenschatz et Giesler, le chef des services de presse du Reich Otto Dietrich, un autre fameux photographe Heinrich Hoffmann, de splendides SS, Junge et Wolf, et l'adjudant de Hitler, le capitaine Engel.

Hitler a en fait souhaité réunir tout ce beau monde afin qu'il puisse être témoin de son plaisir et voir de ses propres yeux l'immense jouissance du vainqueur face à cette ville, sa facile conquête.

« Voyez, Messieurs, elle se donne à moi encore endormie, pour des noces historiques où ma suprême semence féconde marquera son destin à jamais. »

CHAPITRE III

Porter, comme le cœur, le vêtement fidèle immaculé,
et désirer des fêtes dans tes veines où pénétreront
fébrilement nos noces ponctuées par tes pleurs de désirs.

Pierrot, comme bien souvent, s'est arrêté devant le magasin Simond & Ralph situé sous les arcades de la rue de Castiglione. Dans la vitrine, de magnifiques robes de mariée, très chères, mais quel chic ! Peu importe, Pierrot a des économies pour son projet de mariage avec Alice, sa muse ; il ne veut pas, malgré tout, que la guerre entrave leurs amours et leur bonheur ; ils ont fixé depuis longtemps la date de la cérémonie qui doit les unir.

Le conflit avec l'Allemagne et l'occupation ont précipité leur décision ; Pierrot, trop jeune, n'a pas été appelé sous les drapeaux mais redoute néanmoins une éventuelle séparation. Rapidement et d'un commun accord, le mois de juillet a été retenu pour le mariage. Pierrot et Alice pourront ainsi, ensuite, comme voyage de noces, passer au mois d'août quelques jours en Touraine, chez une cousine d'Alice, où la vie sera sans doute plus agréable pour les deux tourtereaux, loin des bruits de bottes et des restrictions de toutes sortes qui s'annoncent.

Pierrot rêve devant la belle marchandise de Simond & Ralph ; ce rêve mérite de devenir réalité pour lui et Alice ; il se réjouit déjà à l'idée de venir ici avec elle, dans les beaux quartiers, prendre son temps pour choisir longuement une robe de mariée, de voir la joie d'Alice à l'essayer puis de sortir fièrement son argent durement gagné et de payer comptant la magnifique robe blanche de sa bien-aimée, signée Simond & Ralph.

Heureux de la vie, toujours en sifflotant, il remonte sur sa machine, puis, de toute la puissance de ses jeunes muscles, s'envole comme un champion enchanté vers d'autres lieux de Paris.

CHAPITRE IV

Paris subit ses monstres impurs, la lance qui les percera sortira corrompue et souillée, infectée comme eux.

Comme l'a souhaité le Führer, la visite de la capitale commence par l'Opéra. L'on fait illuminer sur-le-champ l'ensemble de l'édifice, intérieur et extérieur. L'immense salle dorée et son mystérieux rideau rouge, le foyer étincelant de ses ors, le grand escalier monumental, où Arno Breker s'empresse auprès du Führer pour commenter les fresques et les statues, en particulier le groupe de la danse de Carpeaux, tandis qu'Albert Speer, du haut de ses presque deux mètres donne pratiquement une conférence architecturale sur le génie et le talent de Garnier.

« Le plus beau théâtre du monde ! » s'est exclamé avec admiration Hitler, sorti enfin d'un mutisme inquiétant. La beauté de l'Opéra est certainement pour lui une source de fascination. Le petit artiste peintre est sans doute sensible aux splendides fresques et au délicat travail de décoration et de dorures du palais Garnier. Seul manque l'orchestre qui aurait certainement, avec *la Walkyrie* ou *Siegfried*, pris aux tripes ces visiteurs de l'aube.

Descendant rapidement les marches du grand théâtre, Hitler se dirige directement vers sa voiture ; à quelques pas, un marchand de journaux en train d'ouvrir son kiosque, l'ayant reconnu, effaré, n'en croyant pas ses yeux stupéfaits, se réfugie par instinct et par peur dans son kiosque en s'exclamant : « Le diable ! »

Le Führer, l'ayant entendu, fait mine de rien ; l'inconscience verbale du kiosquier n'aura heureusement pas de suite pour lui ; grâce à Dieu, le Führer est pressé.

En trombe, la cohorte motorisée pavoisée aux fanions nazis reprend son périple, une halte à la Madeleine, rapides commentaires de Speer, puis la place de la Concorde traversée lentement pour mieux apprécier sa magnificence ; ensuite, side-cars et Mercedes s'engagent sur la plus belle avenue du monde et sa perspective unique menant à l'Étoile, où l'Arc de triomphe majestueux se dresse maintenant devant Adolf Hitler. Ce face-à-face entre le Führer et le monument chargé de gloire est étonnant. Le regard perçant, scrutant les inscriptions sur la pierre, le Führer déchiffre à voix haute chaque nom des victoires de Napoléon : Wagram, Austerlitz, Berlin, Marengo, Magdebourg, Eylau, Friedland, Moscou, Alexandrie, Aboukir, Iéna, ...

Il connaît parfaitement chaque endroit où l'empereur a vaincu glorieusement les ennemis de la France. Il s'autorise même à commenter et à donner des précisions de stratégie militaire aux généraux qui l'entourent, stoïques certes, mais sûrement très agacés de subir le rappel d'une époque désagréable et peu flatteuse de défaites subies en partie par l'Allemagne, l'Autriche et la Prusse.

Les chevaliers teutons et prussiens se sentent mal à l'aise sous cette voûte pleine d'incrustations militairement honteuses pour leur amour-propre de guerriers, alors qu'aujourd'hui, vengés, ils sont les vainqueurs de Paris et de la France. Pour certains, une seule envie les taraude, faire défiler l'armée allemande sous ce maudit Arc de triomphe et fouler aux pieds, si possible, la flamme du soldat inconnu ; obsession malsaine et inutile d'ailleurs, car Hitler a déconseillé fortement à ses généraux ce genre de parade provocatrice. Hitler éprouve un certain respect pour le soldat inconnu qui repose ici même, Poilu qu'il a durement combattu dans les tranchées pendant la Grande Guerre.

Sur la terrasse du palais de Chaillot surplombant Paris, Hitler peut enfin, d'un seul regard, contempler sa conquête, avec, au centre, cette majestueuse tour Eiffel, symbole de Paris, où maintenant flottent les couleurs du Reich.

Pour les Parisiens endormis, quel étonnant rendez-vous matinal de l'Histoire se produit pendant leur sommeil ! Avec cet homme enchaîné à son orgueil sans fin, tout-puissant devant ce peuple de Paris docile, pour la plupart encore ensommeillés, qui subira pourtant à son réveil, inconsciemment, l'empreinte de ce regard noir qui l'aura dominé d'une certaine façon par son rêve éveillé du pouvoir. Parisiens, vous ne pourriez contenir, endormis dans vos lits, le cauchemar de cette orageuse mer de larmes que le vainqueur croit légitime de vous imposer.

Hitler sait que l'oppresseur n'est jamais libre, mais la France à la hache abandonne souvent sa tête ; il redoute ce peuple si facilement conquis par la force des armes et la trahison de ses maîtres. Ces Français, il sait qu'il se redresseront et voudront mourir pour ressusciter leur honneur perdu.

Ramper est des humains l'ambition commune, c'est leur plaisir, leur besoin ; pas pour le peuple de France, Hitler le sait, il s'en inquiète.

Un vulgaire assassin va chercher les ténèbres ; lui, au contraire, souhaiterait avec la France vivre au soleil une passion, une belle histoire où deux peuples se retrouvent et ensemble vivent grandeur et fortune.

Ce peuple de Paris va bientôt s'éveiller. Hitler ne veut être ni l'idole ensanglantée des uns, ni la mort des autres dans un bourbeux océan de crimes ; il veut l'admiration de ce peuple, il prendra ainsi le masque du séducteur timide pour essayer de le vaincre.

CHAPITRE V

*Paris baisse les yeux un instant, la patrie n'allume
plus nos voix, pour hurler notre joie d'être français, le
« métèque » a honte de notre honte, les étoiles dans les
yeux de Gavroche s'éteignent lentement. Adieu Paris,
bonjour la mort.*

En voyant Pierrot ainsi insouciant, presque
frivole, se promener de bon matin à vélo dans Paris
on pourrait le croire indifférent à l'occupation
allemande ; loin de là, car notre Pierrot est un jeune
homme vraiment sensible à ces événements qui ont
bouleversé la capitale depuis quelques jours.
L'arrivée, le 5 juin, de l'armée allemande commandée par le général Dentz, le déploiement de l'envahisseur dans la ville, la débâcle, la pagaille, la fuite de
notre gouvernement, bref Paris, humilié, violé, bien
sûr cela révolte au fond de lui-même, Pierrot, mais
son caractère trempé ne peut être impressionné par
le bruit des bottes martelant son Paris. Il a trop
confiance dans l'avenir de cette ville pour ne pas
savoir déjà, par prémonition, que tout cela ne sera

que provisoire, même s'il constate tristement qu'aujourd'hui le peuple de Paris est à genoux.

Toutefois il a lu à l'école, dans les livres d'histoire de France, que le cœur des Parisiens fut bien souvent malheureux ; il pleure en secret sur leur sort : frappés de mortelles blessures, Parisiens et Parisiennes ont fui au fond de leur malheur et de leur bassesse envers leur bourreau comme un lâche troupeau. Eh bien, ce peuple de Paris que l'on a cru parfois à jamais aveugle, devenu stupide, victime, a toujours soudainement lancé au moment voulu son immense fureur contre son oppresseur, allant dévorer à pleines dents meurtrières et férocement les entrailles et le cœur de son dominateur foudroyé par la vengeance impitoyable de la belle Marianne venue réveiller les poignards dormants et sauver la liberté de sa ville en ressuscitant dans le feu et dans le sang la superbe esclave de nos rêves redevenue enfin libre : Paris.

Arturo, le père de Pierrot, était arrivé à Paris avec sa famille en 1918. Venant d'un petit village pauvre du Piémont, il rêvait depuis toujours de Paris et d'y faire vivre son foyer, avec un travail, un toit, la liberté politique. Tout ce qu'il n'avait pas là-bas, il a voulu l'offrir aux siens pour toujours.

Arturo voulait que Pierrot et ses trois jeunes sœurs deviennent de vrais et bons Français à part entière. Il y avait réussi.

Dur au travail, il avait réalisé son rêve d'émigré en devenant un bon artisan peintre très apprécié. Bien sûr, quelques fois, la nostalgie de son Italie natale le saisissait ; alors, en famille, on ouvrait une bonne bouteille de chianti et l'on se réjouissait de s'aimer et d'être ensemble.

Aujourd'hui, pour Arturo, la présence des nazis à Paris est un malheur et une angoisse, lui qui méprise tellement Mussolini et les fascistes italiens. En tant qu'Italien, il ressent une forme de honte et de culpabilité à l'égard des Français et de la France qui l'ont si généreusement accueilli ; comment leur faire comprendre qu'il vomit ces nazis et ces fascistes ? Pourra-t-il, le moment venu, être accepté des Français pour lutter auprès d'eux contre ces serpents venimeux ? Il le souhaite de toutes ses forces.

CHAPITRE VI

Face à ton lourd tombeau devenu prison des songes,
que croiront les mortels, quand ils verront que, sous tes
yeux, le nom de la liberté est prononcé par des bouches
puantes de pauvres crapules brûlant la vie des autres,
amusées par ce passe-temps d'assassins ?

Pierrot chantonne sur son vélo *Y a de la joie* de
Trenet. Tandis que le Führer poursuit sa route maintenant en sifflotant *Lili Marlène*. La file de Mercedes
noires traverse la Seine et arrive à la hauteur des
Invalides, dont le dôme d'or brillant surgit au milieu
d'un ciel à présent légèrement embrumé.

Le gravier des Invalides crisse sous les pas du
nouveau conquérant de l'Europe.

Le général Keitel, Martin Bormann, Speer, le
général Bodenschatz et les autres vont pénétrer à sa
suite dans l'enceinte où se trouve le tombeau de
l'empereur Napoléon.

Avant d'entrer, hâtivement, Hitler se fait aider
d'un aide de camp pour échanger sa lourde et longue

capote de cuir contre un long manteau de campagne blanc.

Il s'avance maintenant vers le bord de la profonde crypte circulaire, sa casquette à la main, serrée contre sa poitrine ; le bruit des bottes résonne comme une sorte de roulement de tambours, en contrebas se trouve le sarcophage de porphyre roux, posé majestueusement sur un socle de granit vert des Vosges. Il est cerné d'une couronne de lauriers et d'inscriptions rappelant les grandes victoires de l'Empire, le tout gardé par des statues et des faisceaux d'étendards glorieux. Dans la galerie circulaire qui entoure le tombeau, Hitler peut apercevoir une suite de bas-reliefs sculptés où figurent les principales actions du règne.

Arno Breker, à voix basse, précise au Führer que l'ensemble est l'œuvre du sculpteur Visconti.

Hitler ne peut ou ne veut l'entendre. Sa casquette posée devant lui sur la rambarde, où, penché pour mieux voir, il est fasciné, pétrifié, muet devant cet endroit magique où reposent les cendres de l'empereur solitaire.

Le moment est historique : tête-à-tête entre l'homme qui avait édifié le plus puissant empire d'Occident depuis Charlemagne et celui qui, cent vingt-cinq ans après, prétend l'égaler et peut-être même le surpasser.

Certains, dans l'entourage du Führer, ont quelque fois évoqué discrètement des pouvoirs étranges que Hitler aurait détenu en matière de spiritisme grâce à l'enseignement d'un médium hypnotiseur tenu secret. Le spiritisme a pour objet de provoquer la manifestation d'êtres immatériels, ou d'esprits, en particulier celle des âmes des défunts, et permet ainsi d'entrer en communication avec eux par des moyens dits occultes.

Il est nécessaire pour y parvenir de se trouver en état de transe hypnotique, que pratiquent ceux que l'on nomme médiums. Hitler, en effet, ne pensait pas comme certains que l'âme est le principe de la vie matérielle organique ; qu'elle n'a point d'existence propre et cesse avec la vie selon le matérialisme.

Âme, comparée à un instrument fêlé qui ne rend plus de son, qui n'a plus d'âme, en sorte, l'âme ne serait qu'un effet et non une cause.

Hitler, lui, est convaincu que l'âme est le principe de l'intelligence, agent universel dont chaque être absorbe une portion. Il croit qu'il n'y aurait ainsi pour tout l'univers qu'une seule âme qui distribue des étincelles entre les divers êtres intelligents pendant leur vie ; après la mort, chaque étincelle retourne à la source commune où elle se confond dans le Tout, comme les ruisseaux et les fleuves retournent à la mer d'où ils sont issus. L'âme universelle serait ainsi Dieu et chaque être une portion de la divinité.

Mais cette croyance de Hitler ne pourrait s'appliquer, bien sûr, qu'à ceux qui, à ses yeux, possèdent une âme chrétienne, les juifs étant de ce fait écartés et rejetés dans l'abîme de la décomposition éternelle.

Pour Hitler, l'âme est la cause et non l'effet, c'est pourquoi il considère qu'il appartient aux spiritualistes, jusqu'à en dévoyer s'il le faut leurs principes vitaux.

Or, ce matin du 23 juin 1940, devant le tombeau de Napoléon, les hommes qui entourent Hitler peuvent assister à une manifestation magistrale de spiritisme qui se produit devant eux, incrédules, pauvres ignorants qui de toute façon seraient sceptiques, puisque cette communication entre l'âme d'un vivant et celle d'un défunt est pour eux inimaginable, en dépit des paroles de Jésus !

« Ils ont des yeux et ils ne voient point, des oreilles et ils n'entendent point. »

Pourtant c'est ce qui arrive en cet instant unique entre Adolf Hitler et Napoléon Bonaparte. Voici comment et pourquoi.

Tout a commencé donc lorsque Hitler a demandé à son aide de camp, le Rittmeister Karl Hompfer de le revêtir d'un manteau de campagne blanc ; déjà ce fétichisme étrange a intrigué ; de plus, personne n'a remarqué que ledit manteau est, à l'intérieur, doublé de soie violette et discrètement brodé par endroits, en fils d'or, de signes étranges ressemblant peut-être vaguement à des signes hébraïques.

Ce manteau, d'ailleurs, a été transporté personnellement pendant le voyage par Karl Hompfer à l'intérieur d'une valise de fer à fermeture codée. Ce

Hompfer est-il le fameux médium personnel et secret de Hitler ?

Comme une flèche d'or, un curieux rayon de soleil venu d'une ouverture du dôme frôle le sommet du crâne du Führer et poursuit sa trajectoire vers le sarcophage comme pour y pénétrer.

Hitler n'est manifestement plus en contact avec son entourage par ce fluide magnétique et nerveux qui lui est propre, mais avec les gens de l'éternité en un « voyage hors du corps » de l'autre côté du miroir. Karl Brandt, son médecin personnel, s'est rapproché de lui très discrètement, intrigué par cette forme d'état second dans lequel se trouve le guide, son visage devenu étrangement serein, reposé, un léger sourire figé à l'encoignure de la bouche.

Tous, autour de lui, pensent que le Führer est en pleine méditation, ou en rêverie de conquérant comblé : en quelque sorte, pour eux, la confrontation d'un vivant triomphant et d'un vaincu immortel.

Illusion. Hompfer, à quelques pas, accompagne à distance, à l'insu de tous, son Führer vers l'au-delà ; il fait coulisser l'âme de son disciple hors du corps physique, le maintenant dans un apparent demi-sommeil provoqué par l'hypnose. Le maître du mental est en action. Adolf Hitler se trouve vraiment auprès de Napoléon Bonaparte.

Maintenant, il est, en esprit, descendu et a pénétré dans le tombeau de l'empereur, afin de déposer à ses pieds, respectueusement, de ses mains, les cendres de sa propre mort. Cette dépouille impériale est devenue vivante, avec le regard suprême d'un beau ciel doucement animé.

L'électricité de l'orage renverse bien les édifices, déracine les arbres, lance au loin les corps les plus lourds, les attire ou les repousse, Hompfer lui, réussit à projeter par une force bien plus puissante et profonde son Führer dans l'au-delà et à lui faire rejoindre des âmes en attente de visites.

Le temps dans les cerveaux, dans cette crypte, sur les Invalides, sur Paris, sur le monde et les étoiles, sur la mort et ses tourments, sur la guerre, tout s'est figé soudain autour de cette rencontre.

Hitler prend maintenant la main glacée de l'empereur, esprit et génie, pour y déposer un baiser furtif, bouillant de jouissance.

« Sire, mes meurtres n'ont jamais souillé mon courage, je viens devant vous sans peur, je suis un voyageur assassin sombre, à l'âme inquiète certes, très cruelle dit on, mais présent dans ces lieux près de vous, par la faute des lâches et des incapables qui ont détruit votre œuvre, votre Empire, et piétiné votre grandeur. »

Vêtu de la célèbre redingote en piqué blanc de la retraite de Russie, dont le caractère fantomatique évoque de manière troublante l'idée de linceul, à sa boutonnière attachée la petite croix de la Légion d'honneur, près de l'empereur se tiennent le général

Bertrand et son fidèle Montholon, ceux qui resteront auprès de lui à Sainte-Hélène jusqu'au 5 mai 1821, date de sa mort terrestre, en quelque sorte ses ultimes confidents, spectateurs impuissants et désespérés du départ de l'ancien grand aventurier de la Révolution, l'ancien immense empereur de l'Occident.

Mais aujourd'hui et pour toujours, Bertrand et Montholon l'ont rejoint dans la cité reine de la belle liberté de l'au-delà, vaste empire où un homme comme Napoléon et sa légende règnent à tout jamais sur nos pauvres âmes transformées en argile ; nous sommes devenus auprès de lui hommes fondus dans cette terre ingrate et sale, par son souffle de feu.

Ces personnages autour de l'empereur sont fascinants de beauté, dans ce monde de spirites, normal, primitif, éternel, préexistant et survivant à tout ; ils semblent avoir toujours été là, avec leur aspect corporel qui n'est en fait que secondaire ; ces esprits qui entourent l'empereur avaient temporairement revêtu une enveloppe matérielle périssable dont la destruction par la mort les a rendus à la liberté et les a construits ici-bas sublimes.

« L'âme est un esprit incarné dont le corps n'est que l'enveloppe. »

Hitler :

« Sire, je méprise ces Anglais qui vous ont fait tant de mal, je hais cet Hudson Lowe et sa médiocrité et sa bêtise, je noierai pour vous Londres sous un déluge de feu et d'acier, pour vous venger de leurs bassesses, que ferais-je pour les punir de vous avoir désespéré et brisé en vous empêchant de revoir votre petit roi de Rome, notre prince autrichien, le duc de Reichstadt, votre aiglon, notre trop jeune et bel espoir douloureux évanoui trop vite dans le parcours de notre Histoire commune, une dynastie même malheureusement disparue que je vous envie, moi, ici, devant vous, imposteur de la race immortelle alors que je ne puis avoir mon propre petit prince.

» Comme je vous jalouse, Majesté, pour ce jour du 20 mars 1811, ce bonheur auprès de la fille du grand François II d'Autriche, où, dans vos bras, dormait la naïve innocence de nos sangs ennemis, bercés par le murmure d'une romance issue de vos lèvres impériales. »

L'empereur, comme sur un trône, endormi, regarde Hitler. Napoléon est majestueusement amusé de ces encensements, avec cependant une certaine distance et méfiance ; cet autre « petit Caporal » lui semble paradoxalement proche et tellement éloigné ; il le discerne mal venu du monde des vivants transformé par lui en véritable enfer terrestre dans le lointain de ces idées de liberté et de fraternité de sa jeunesse.

Napoléon :

« Cet Adolf ressemble à une sorte de noir serpent, sorti par mégarde de sa caverne impure. Le soleil de la gloire l'aveugle, c'est pourquoi, vite, il aura préféré venir me rejoindre dans les obscures profondeurs étranges du spiritisme. Et ce médium,

Karl Hompfer, auprès de lui, nazi honteux de ses origines juives certes lointaines, mais tellement claires et perceptibles ici-bas.

» Il croit naïvement qu'il suffit d'être le magicien, le maître de cérémonie et complice d'Adolf Hitler dans le monde agité des âmes et des défunts, ce qui lui permettrait de nous cacher à jamais sa vérité profonde ; il se trompe le Rittmeister Karl Hompfer. Ici, tout est limpide ; nous sommes dans un monde de transparence puisqu'il n'existe aucune barrière entre nos âmes damnées. »

En fait, Napoléon méprise ce petit Monsieur Hitler ; certes, nous sommes dans le monde des esprits, mais pour Napoléon la distinction entre bons et mauvais esprits est extrêmement précise.

L'empereur en détient une définition qu'il approuve ; curieusement, elle émane d'un homme appelé H.L.D. Rivail, plus connu sous le pseudonyme d'Allan Kardec, né en 1804. Cette année fut à la fois douloureuse et joyeusement impériale pour Napoléon.

Année douloureuse en raison de l'exécution du duc d'Enghien, faute que Napoléon regrettera jusqu'à sa fin terrestre ; année joyeuse en raison du sacre, le 11 frimaire an XIII (2 décembre 1804), date à laquelle le Premier consul devient l'Empereur.

Allan Kardec rejoindra le monde des esprits et de l'immortalité de l'âme en 1869. Pour le fondateur du spiritisme, la distinction entre bons et mauvais esprits est facile à établir. La voici !

Le langage des esprits supérieurs est constamment digne, noble, de la plus haute moralité, dégagé de toute basse passion ; leurs conseils respirent la sagesse la plus pure, ils ont toujours pour but notre amélioration et le bien de l'humanité.

L'empereur reconnaît le bon esprit, et voit nettement dans Hitler un esprit inférieur, inconséquent, souvent trivial et même grossier, proférant quelquefois des vérités, mais plus souvent de fausses et d'absurdes observations, par malice ou par ignorance. Les mauvais esprits se jouent de la crédulité et s'amusent aux dépens de ceux qui les interrogent en flattant leur vanité, en berçant leurs désirs de fausses espérances. Mais dans le monde des esprits, rien ne peut être caché ; l'hypocrite sera démasqué et toutes ses turpitudes dévoilées.

« Prenez garde, Monsieur Hitler, reprend Napoléon, pour ma part, ici j'ai rencontré Lamartine, Musset, Vigny, Hugo, Dumas, et bien d'autres. Ils ont tous proclamé de leur vivant que j'étais un César ou un Alexandre. Mais la gigantesque cohorte infernale des armées de l'Empire, d'Arcole à Waterloo, rassemblée dans la mort, soldats devenus tous maintenant les compagnons de l'infini immatériel, avec leurs plaintes et leurs gémissements sur ma tyrannie, a bien changé le jugement louangeur de ces fameux poètes et écrivains sur le grand Napoléon Bonaparte.

» Je comprends volontiers cette déception, même si au nom de la France, de la République, de la liberté, de la fraternité, de l'égalité des peuples entre eux, de tout ce que l'on voudra d'humanitaire, j'ai quand même entraîné ces braves compagnons dans la mort.

» Pourquoi ? Certainement pas pour voir devant moi Monsieur Adolphe Hitler et son mage s'excuser de venir piétiner notre drapeau et les grands principes révolutionnaires de ma jeunesse. »

Le ton de Napoléon envers son spectral entourage semble s'être animé.

« Ah ! Mon emportement légendaire et mes terribles colères, Monsieur Hitler, vous avez dû en entendre parler. Cependant, malgré les griefs que j'aurais à vous adresser et les différends qui nous opposent, je vais essayer de vous épargner cette représentation de moi que je déteste ; elle a failli me perdre déjà le 19 brumaire an VIII, et bien d'autres fois. Vous-même, je crois savoir que vous avez d'assez beaux emportements de violence, n'est-ce pas ? »

Silence étrange du Führer.

« Dites-moi, Monsieur le Chancelier, vous êtes né citoyen autrichien en 1889, n'est-ce pas ? Juste un siècle après notre fameux 14 juillet 1789 ! Comme c'est intéressant ! Vous qui êtes devenu aujourd'hui le maître du grand Reich allemand, eh bien, réfléchissez que, moi, je suis né français en Corse, le 15 août 1769. Cette province est devenue française en 1768, un an avant ma naissance ; malgré la contestation de Chateaubriand ! Il voulait que je sois né corse le 5 février 1768, comme il le prétendait dans ses *Mémoires d'outre-tombe*. Aujourd'hui, du fond de mon cercueil et du sien, je lui confirme que ma naissance est bien française, ce qui m'a permis de devenir l'empereur de ce grand peuple français et d'une partie importante de l'Europe. Quel étrange départ géographique dans la vie pour des hommes comme nous, ne trouvez-vous pas Monsieur Hitler ?

– Sire, si vous voulez dire que nous sommes en quelque sorte des émigrés qui n'ont pas trop mal réussi, je vous l'accorde bien volontiers. En effet, la France doit beaucoup au petit Corse d'Ajaccio ; quant à moi, simple fils d'un petit fonctionnaire autrichien, il me reste à faire encore beaucoup pour l'Allemagne, devenue ma vraie patrie. Mais, Sire, rassurez-vous ; je prendrai bien garde de ne pas me croire le grand empereur Napoléon et de copier ce qu'il a fait pour la France ; certains seraient vite tentés de me dire fou !

L'empereur, l'air ravi :

– Monsieur le Chancelier enfin, pas de modestie mal placée, le fait que vous soyez ici, à Paris, maître d'une France qui a capitulé devant vous, n'empêcherait pas la comparaison avec mon règne et mes triomphes militaires.

Bien avant vous, sachez que moi aussi j'ai foulé de mes bottes des capitales européennes vaincues par notre puissance, les plus importantes de l'époque ; on cédait devant moi, même Moscou, malheureusement, n'a pas échappé à mon ambition passionnée.

Nous sommes, vous et moi, Monsieur Hitler, des conquérants qui ne peuvent maîtriser leurs limites quand il s'agit de dominer les hommes et les lois, et nous croyons, mais à tort, je vous le confirme par expérience, le faire pour leur bien et leur bonheur : grave erreur de notre part. Moi, Napoléon Ier, par exemple, je prétends encore aujourd'hui l'avoir fait au nom de la République, au nom de la France et contre tous nos ennemis de l'étranger, qui voulaient effacer par le sang notre devise de liberté, d'égalité et de fraternité.

N'oubliez pas que l'Europe entière exigeait la destruction de notre jeune République et de ses citoyens debout et fiers, insolente pour leurs vieilles idées et leur vieux monde despotique, fatigué, dépassé, méprisant les droits de l'homme.

Néanmoins, je me souviens de grands moments dans mon corps à corps entre notre France et cette Europe. Pour vous, Monsieur le Chancelier, je ferai allusion au traité de Lunéville du 20 pluviose an IX (9 février 1801), que nous eûmes l'honneur de signer avec l'empereur d'Allemagne ; nous interrompions, provisoirement hélas, la guerre entre la France républicaine et l'Autriche qui vous est si chère ; et avec l'Empire nous mettions fin, pour l'essentiel, au conflit continental ; malheureusement, la paix maritime, si fragile et problématique que je souhaitais avec l'Angleterre, pouvait mettre en danger ce traité en s'achevant soudain. Cependant, malgré plusieurs péripéties, j'obtenais la paix d'Amiens, le 9 vendémiaire an X (1er octobre 1801). Je reconnais la devoir en grande partie au fait que la restauration des Bourbons n'était plus, provisoirement, pour les Anglais, à l'ordre du jour ; le nouveau secrétaire au Foreign Office, lord Hawkesbury, aura été décisif dans la position anglaise de l'époque. Le premier consul que j'étais à cette période aurait aimé que la paix durât longtemps ; les réformes constitutionnelles que je souhaitais réaliser demandaient de ma part une disponibilité énorme, cette pause était la bienvenue pour les affaires de la France, je me contentais de ce compromis précaire, car, au fond de moi, je ressentais une haine viscérale de l'Angleterre à mon égard et à celui de la France, qui remettrait un jour la paix en question.

Pourtant, à l'époque, je pensais sincèrement : "Comment deux nations, la France et l'Angleterre, les plus éclairées de l'Europe, ne sentent-elles pas que la paix est le premier des besoins comme la première des gloires ?" Encore une de mes illusions, sans doute.

– Sire, je vous comprends. Moi-même je suis haï de l'Europe et du monde, autant que vous le fûtes, mais les paix ne sont malheureusement pas durables ; à eux seuls le passé et l'histoire de nos deux nations nous le prouvent.

Tenez, il y a exactement vingt-quatre heures, nous venons de signer dans un wagon, à Rethondes, l'armistice entre nos deux pays. J'en espère une paix durable. Pourtant, pendant la Grande Guerre, je m'étais fait le serment, couché sur un lit d'hôpital militaire, à demi aveugle et estropié, je m'étais juré de ne plus connaître de repos avant d'avoir brisé, de mes mains s'il le fallait, les chaînes du traité de Versailles, ce diktat humiliant et rendu à l'Allemagne humiliée, vaincue et anéantie, une puissance nouvelle, libre, glorieuse.

Devant vous aujourd'hui, Majesté, je vais l'avouer humblement, je crois avoir tenu ma promesse envers mon peuple, comme vous avez tenu la vôtre jadis. Vous proclamiez en 1795 : "La République française ne veut point être reconnue par les plus grandes puissances européennes ; elle est en Europe ce qu'est le soleil sur l'horizon ; tant pis pour qui ne veut pas la voir et ne veut pas en profiter." Eh bien, Sire, modestement, cent quarante-cinq ans après, je pense la même chose pour le grand Reich.

En arrivant ce matin à Paris, j'avais encore à lutter contre cet esprit de revanche qui m'a longtemps tenaillé dans la chair de mes blessures ; certains imbéciles me conseillaient de détruire Paris croyant ainsi que je serais apaisé et vengé, mais une fois arrivé au bord de la terrasse du palais de Chaillot, Paris à mes pieds, j'ai été fasciné par la beauté de cette ville et la magie qui s'en dégageait ; j'ai dit à Arno Breker, un vrai amoureux de Paris, "qu'il fallait absolument préserver cette merveille de la culture occidentale épanouie devant nous, et qu'il fallait la garder intacte pour la postérité".

Sire, nous sommes deux chrétiens baptisés, vous avez dit, il me semble, "les peuples passent, les trônes s'écroulent, l'Église demeure". Eh bien, je ne crois pas que l'Église demeurera dans le futur. Mais à la place, je dirais : Paris demeure et demeurera à jamais, car cette ville, je la ressens comme une vraie religion, indestructible. Ne dit-t-on pas "l'âme" de Paris ?... »

CHAPITRE VII

Paris ma belle, elle les reçoit avec un sourire, elle ne
soupçonne pas que ses yeux puissent leur inspirer leur
crime.

L'âme de Paris, Pierrot en est un parfait élément, essentiel à cette ville, complètement intégré à ses pierres, à son odeur, à son histoire, à sa populace gouailleuse. Pierrot est jusqu'au bout des ongles, comme on dit, un vrai titi parisien ; ses origines italiennes se sont fondues dans ce chaudron magique où bouillonne cette capacité unique que détient Paris de métamorphoser rapidement n'importe quel émigrant de la planète en un extraordinaire Parigot. Cette étrange faculté d'assimilation qui caractérise Paris peut produire de vrais Parisiens aussi divers que l'Auvergnat venu faire fortune, le Breton à la recherche d'une vie meilleure ou l'étranger accouru s'y réfugier pour vivre libre et ainsi, souvent, échapper à la mort.

Pierrot, on croirait à le voir et à l'entendre qu'il est là depuis Lutèce ! Mais n'est-il pas cocasse que ses ancêtres, les Romains, en fait les premiers Parisiens, aient déjà succombé au charme de ce lieu à l'époque bénie des dieux ?

Pierrot maintenant descend en roue libre les Champs-Élysées. Sa longue chevelure d'or cuivré flottante vient, par moments, couvrir en partie son visage, sans toutefois masquer entièrement ses yeux et leur profondeur noire, semblable à celle de certains raisins de Toscane bien mûris au soleil.

Pierrot est inquiet pour son père Arturo qui lui semble fort abattu ; le brave homme, communiste convaincu, n'a pas digéré non seulement l'invasion de la France et sa capitulation, mais encore et surtout, en tant que communiste militant, le pacte germano-soviétique du 23 août 1939. L'alliance effarante de ces deux dictateurs les plus redoutés de la planète a déconcerté Arturo ; il a souffert en voyant cette association « impérialiste » contre nature s'acharner sur la Pologne, puis sur la Finlande, les pays baltes et la Roumanie ; il souffre dans ses tripes, tenaillé par l'envie de rompre avec le Parti.

Mais il ne peut lâcher ses camarades communistes de base du XXe arrondissement, qui, comme lui, n'ont toujours pas compris cette incroyable machination totalitaire. Pourtant, certains quitteront le Parti, écœurés de voir que le rêve communiste, maintenant dans les griffes de Staline, ajouté au nazisme de son compère Hitler, devienne un enfer pour les peuples. Les communistes français seraient d'ailleurs effarés en apprenant bien plus tard qu'en février 1940 des camarades communistes allemands avaient été livrés par Staline à Hitler.

Cependant, convaincu par Pierrot, Arturo est resté malgré tout au Parti communiste français, son fils prévoyant que cette alliance déshonorante, et en l'occurrence coup de poker menteur, ne pourrait durer longtemps. Demain, il faudra que les communistes français, tous ensemble, luttent enfin contre l'occupant nazi.

Pourtant, Pierrot et Arturo n'étaient pas au bout de leur surprise avec cette France chérie et si accueillante, puisque, suite à la débâcle, le vainqueur de Verdun, le fameux maréchal Pétain sera appelé à la présidence du conseil le 16 juin 1940. Il obtiendra sans peine, peu après, les pleins pouvoirs, par le vote extraordinaire d'une Assemblée de gauche issue du Front populaire ! Sur 669 députés et sénateurs présents, 569 votent « pour » les pleins pouvoirs (la droite, la majorité des socialistes et des radicaux), 20 vont s'abstenir et 80 votent contre.

On peut imaginer, et même croire, que si le Maréchal était venu en personne solliciter à la tribune ces pleins pouvoirs, il aurait certainement obtenu la totalité des voix en sa faveur. Le cabinet du populaire Maréchal de France fut d'ailleurs aussitôt constitué de notables socialistes ou communistes.

Pour l'Italien Arturo, humble émigré communiste, cette France-là était bien déconcertante.

Pierrot aime, sur son vélo, chanter les chansons populaires ; elle sont toutes les gaietés de la rue et emportent autour du monde le charme frémissant de Paris : *Le Petit Vin blanc, Dans la vie faut pas s'en faire, Sous les ponts de Paris, Y a de la joie, Couchés dans le foin, Les Roses blanches, Boum !…*

Pierrot adore aussi Mistinguett. Avec Alice, ils ont prévu pour leur mariage d'aller voir une de ses revues au Casino de Paris ou à l'Alhambra.

Pierrot aime passionnément Alice et ses jeunes mystères. Alice au cœur délicat et timide. Il aime poser un baiser sur les lèvres de brillante couleur, un désir mordant que sa bouche embaumée avale comme un cristal orageux de passion, enivré de leurs amours de jeunesse, de cascades caresseuses et de douceurs épaisses et touffues. Et quand sur leurs visages inquiets de ce si grand amour, leurs cœurs furtivement s'agitent, l'amour donne à leurs émois le vrai sursaut qui réveille la poésie de leur jeunesse, loin, très loin des cadavres déchirés de bêtes venimeuses guettant la faute d'un amour qui serait incertain.

CHAPITRE VIII

« Celui des maux qui fait le plus frémir n'est rien pour nous puisque, tant que nous existons, la mort n'est pas et que, lorsque la mort est là, nous ne sommes plus.

La mort n'a, par conséquent, aucun rapport ni avec les vivants ni avec les morts, étant donné qu'elle n'est rien pour les premiers et que les derniers ne sont plus.

Puisque tout cesse avec la mort, l'au-delà n'est alors qu'une vaine crainte. »

Épicure

L'empereur propose au Führer de s'installer dans un confortable fauteuil de forme antique, au dossier recouvert d'une magnifique draperie de casimir vert dont les plis sont retenus par des cordons de soie, les bras terminés par des têtes de griffons. Hitler, dans son voyage initiatique, est à la fois ravi et très étonné de se retrouver aux Tuileries, dans l'atmosphère impressionnante du cabinet de l'empereur, pièce maîtresse de l'appartement du souverain. En dehors des secrétaires particuliers, rares ont été les personnes qui furent admises en cet endroit pendant le règne ; nul n'était en général reçu au fond de cette retraite studieuse.

Au milieu de la pièce se trouve comme meuble principal un somptueux bureau, chargé de bronzes dorés, lui aussi soutenu par de superbes griffons.

Hitler une fois assis, l'empereur, majestueusement, prend place derrière le bureau impérial.

Dans l'embrasure de la fenêtre se trouve la petite table où les célèbres secrétaires travaillaient jadis en permanence ; mais, dans l'au-delà, il semble que Napoléon n'ait plus besoin d'eux. Les chambellans, les valets de chambre, les garde-portefeuilles, les aides de camp, en fait tout le personnel de l'Empereur a aussi disparu ; seul le mameluk Roustan, Bertrand et Montholon ont l'air de promener leurs âmes entre ces murs, eux aussi des esprits d'élite.

Certaines âmes de l'au-delà ont les mêmes besoins que celles du monde des vivants, ces doubles gardant leur apparence et les objets ou êtres humains qu'elles possédaient ou fréquentaient dans leur vie terrestre, meubles, armes, parures de femmes et serviteurs. Tels ces courageux Gaulois emportant dans leurs tombeaux leurs propres chevaux pour mieux affronter dans l'autre monde leurs éternels ennemis.

Sur le bureau, attirant l'œil de Hitler, est posé un important portefeuille en maroquin noir, sur lequel est inscrit en lettres argentées : « Dossier Adolf Hitler, 20 avril 1889 – 30 avril 1945 ». Un énorme cachet de cire rouge le scelle.

Devant Hitler médusé, d'un geste sec, avec son canif, Napoléon brise le sceau, ouvre le dossier et en sort une grande quantité de pages où l'on peut reconnaître la légendaire et illisible écriture de l'empereur.

Napoléon parcourt un instant ses écrits puis, s'adressant à Hitler :

« Parbleu ! Monsieur le Chancelier, quelle étrange similitude politique entre notre arrivée au pouvoir et notre trajectoire commune. Pour vous, ce que l'Allemagne a traversé depuis 1918, la révolution certes brève de novembre 1918, mais révolution tout de même, de féroces agitations nationales et sociales, des crises économiques, un effondrement de votre monnaie en 1923, une grave crise de la production et de l'emploi en 1929, des complots, des organisations terroristes, des affrontements de clans et de milices devenues presque des armées en guerre les unes contre les autres au sein de l'Allemagne. Vous êtes, assurément, né politiquement de ce terreau, Monsieur le Chancelier.

Pour ma part, le ferment de mon ascension, c'est la France de 1789 et sa glorieuse Révolution, malheureusement suivie de son cortège de crimes et de mensonges, la Terreur et son flot de sang, la corruption et les vices de nos libérateurs révolutionnaires, les clubs et leurs complots, les chapelles littéraires et leurs mensonges bourgeois, les ultras, les néo-royalistes et leurs rages, la misère du peuple, enfin libre mais toujours affamé, l'effondrement de notre monnaie, la haine de l'Europe contre la République, bref le chaos favorable à l'émergence inévitable d'hommes de notre tempérament.

La différence, peut-être, entre vous et moi, Monsieur le Chancelier, c'est que vous avez mis directement la main à la pâte, si j'ose dire, dans le domaine du crime ; la brutalité de vos sbires fanatiques et les assassinats sauvages que vous avez laissé commettre contre vos adversaires sont horribles. Vous êtes coupable d'avoir donné la rue à vos partisans, qui ont pu ainsi joyeusement semer la terreur contre les pauvres bougres qui ne semblaient ni se conformer ni correspondre aux critères que vous souhaitiez pour l'Allemagne afin d'installer votre nouvel ordre. Ce n'est pas de la politique cela, Monsieur le Chancelier, ces actes relèvent du meurtre.

– Mais permettez, Sire, le 13 vendémiaire an IV, n'avez-vous pas été le célèbre et féroce général Vendémiaire qui dans le sang à écrasé à coups de canon l'insurrection royaliste ? s'exclame fortement Hitler, très irrité. »

Le Führer semble avoir atteint l'empereur. Celui-ci, en effet, regrette ces événements ; il lui avait semblé, bien plus tard, que cette répression aurait pu être évitée, il assumait mal cet égarement sanguinaire dont il rendait en partie responsable Barras, qui l'avait sans aucun doute poussé à l'acte ; mais d'autre part, ce comportement avait sans réserve servi son ambition et une grande bienveillance au sein du pouvoir directorial en scellant ce jour-là son avenir.

– Eh bien, oui, Monsieur le Chancelier du Reich, je ne vous ai pas ménagé et vous avez bien raison vous-même de me rappeler fermement ces "débordements" de jeunesse ambitieuse, ma foi bien tristes ; mais tout cela me paraît bien loin, voyez-vous, Monsieur Hitler. Aujourd'hui, comme je le prétendais déjà en 1802, "celui qui gouverne doit avoir de l'énergie sans fanatisme, des principes sans démagogie et de la sévérité sans cruauté".

Est-ce possible pour le militaire que je suis et que j'ai toujours été ?

Hitler, redevenu calme :

– Peut-être pas, Majesté, d'ailleurs n'avez-vous pas déclaré : "Si je mourais tranquillement dans mon lit et que j'eusse le temps de faire un testament, je conseillerais au peuple français de ne point me donner un militaire pour successeur" ?

À cet égard, Sire, en lisant attentivement le *Mémorial de Sainte-Hélène*, publié par le comte de Las Cases, et à ma grande surprise, vous ne reprenez pas ce souhait.

– Mais pour cause, Monsieur Hitler, ce fameux *Mémorial de Sainte-Hélène* n'est pas vraiment un testament politique comme j'eusse aimé en faire en m'adressant directement aux Français, mais plutôt un acte de mes dernières volontés envers ma famille, et surtout mon fils.

– Sire, reprend Hitler, pour en revenir à la prise du pouvoir, j'ai en effet mobilisé et manipulé les masses, dans un sens que certains qualifieront de frénésie collective, peu m'importe ; d'ailleurs j'ai pu le faire en grande partie grâce à Goebbels et à Speer et à leurs mises en scène envoûtantes, mais l'Allemagne avait besoin de cet électrochoc. Ensuite, je vous rappelle, Sire, que j'ai été largement élu et nommé chancelier du grand Reich par le maréchal von Hindenburg, président de la République allemande. Sachez même, Sire, qu'à la suite de ces succès électoraux, de bonnes âmes m'avaient déconseillé d'accepter le poste de chancelier du Reich aux conditions posées par "le Vieux" (Hindenburg), comme si j'avais eu le temps d'attendre que le Petit Jésus me l'apporte pour Noël !

Je dirais même que je suis fier d'avoir été choisi par un électorat où se trouvaient de nombreux éléments populaires, mon idée d'un grand Reich, qui, je le pense, deviendra millénaire, s'appuie sur ce magnifique peuple en pleine régénération. Le national-socialisme est le salut et l'espoir que beaucoup d'Allemands attendaient depuis 1918. J'ai rétabli dans ce pays la dignité nationale, comme vous l'avez brillamment fait de votre côté sur les champs de bataille à la tête des troupes de la Révolution française, avec son message de liberté, d'égalité et de fraternité. Les flots de sang de la campagne d'Italie ou de l'expédition d'Égypte me semblent être de la même couleur que ceux des ennemis intérieurs ou extérieurs de l'Allemagne. »

À la suite de cette affirmation brutale de Hitler, un silence s'établit. Puis, comme pour combler ce silence, Hitler se met à fredonner un air de Wagner ; il paraît soudain distrait, versatile ; loquace et vif depuis le début de la rencontre, il semble maintenant renfrogné, à l'écoute de lui-même. Soudain, il recommence à fredonner, cette fois-ci quelques mesures caractéristiques du *Horst Wessels Lied.*

Au bout de quelques instants, il reprend la parole.

« Sire, je dois être cruel, c'est de cette façon seulement que je parviendrai à éliminer de notre grand peuple l'indulgence molle et la sentimentalité du petit-bourgeois installé dans une béatitude dégénérée. Le moment est venu pour l'Allemagne de se séparer des beaux et bons sentiments, ce temps-là est passé. Je dois imposer à notre peuple la réalisation de grandes actions, si je veux qu'il remplisse sa mission historique. Sire, vous l'avez si brillamment réussi avec la République et les Français.

Pour cela, je dois moi-même me contraindre à la dureté ; je suis leur Führer et je veux les éduquer, forger ce peuple à ma manière ; il doit à la fois me craindre et m'aimer ; ensuite nous ferons de grandes choses ensemble. »

L'empereur, tout en écoutant Hitler, consulte attentivement un à un les papiers du portefeuille maintenant éparpillés sur le bureau, puis ouvre régulièrement sa tabatière ornée de médailles d'argent pour s'administrer dans le nez de fortes prises de tabac.

De son regard d'aigle, il fixe maintenant Hitler :

« Monsieur le Chancelier, vous me parlez de la Révolution française, soit. Mais vous croyez-vous vous-même vraiment un révolutionnaire ?

– Je le crois fermement, Sire, ce qu'il me faut ce sont des batailles révolutionnaires. J'ai fait de la doctrine de la révolution la base de ma politique dans le Reich et je l'appliquerai de nouveau ici en France.

Napoléon semble étonné :

– Diable ! Très intéressant ! Mais expliquez-moi ça, Monsieur Hitler.

– Majesté, j'ai vaincu l'armée française, soit, mais maintenant je dois être le libérateur de votre peuple ; je le serai en provoquant une grande et belle révolution en France. Je me présente devant la petite bourgeoisie française rongée par le communisme et les juifs comme le champion d'un ordre social équitable ; il s'agit aussi d'établir enfin une paix éternelle entre nos deux peuples. Croyez-moi, Sire, les Français ne veulent plus de guerre et de grandeur ruineuse. Je protégerai la France contre ses ennemis qui seront dorénavant les nôtres, je les anéantirai par tous les moyens, la guerre doit être ce que je veux. La guerre, c'est moi. N'avez-vous pas un jour déclaré, Premier consul, "je suis la révolution", mise en garde adressée aux royalistes, aux émigrés et aux Anglais après l'exécution du duc d'Enghien. Rappelez-vous, Sire, vous avez prononcé cette phrase pour consolider votre pouvoir et vous montrer solidaire des rigueurs et des grandeurs de la Révolution. La révolution et la guerre sont pour vous et moi, Majesté, inséparables. Nous sommes jumeaux d'esprit, Sire. En 1820, vous exprimiez déjà mon regard sur le monde ; vous disiez : "Une de mes grandes pensées avait été l'agglomération, la concentration des mêmes peuples géographiques qu'on dissout et morcelle. J'eusse voulu faire de chacun de ces peuples un seul et même corps de nation ; c'est avec un tel cortège qu'il eût été beau de s'avancer dans la bénédiction des siècles. Je me sentais digne de cette gloire." Et vous ajoutiez : "Avec un allié sincère, la France serait maîtresse du monde." Je vous le proclame aujourd'hui, Sire, l'Allemagne avec la France comme alliée sera maîtresse du monde et j'accomplirai ce que vous n'avez pu mener à bien. »

Hitler constate que l'empereur sourit, amusé d'entendre cette proclamation de foi enflammée ; le Führer ne peut mesurer l'avantage que d'être « de l'au-delà » donne à Napoléon, car le portefeuille de maroquin noir contient le passé, le présent et l'avenir de Hitler, lui indiquant un bien différent destin pour le chancelier allemand :

« Certes, certes, Monsieur le Chancelier du Reich, guerre révolutionnaire, conquête, pouvoir, mais pour moi, voyez-vous, en guerre, comme en politique, tout mal, fût-il dans les règles, n'est excusable qu'autant qu'il est absolument nécessaire ; tout ce qui va au-delà est crime. Et permettez-moi de vous le dire, Monsieur le Chancelier, vous exercez et manipulez trop le crime. »

Hitler, brusquement, d'une voix tonitruante et pontifiante, et dans une sorte de délire, laisse échapper de sa bouche vociférations et hurlements envers Napoléon ; il perd soudainement le contrôle de lui-même, sa bouche écume, il halète comme une femme hystérique, éructe des exclamations entre-coupées tout en frappant de ses poings les accou-doirs de son fauteuil :

« Vous n'avez aucun droit ! C'est vous le criminel, avec votre guerre d'Espagne ! »

Ses cheveux sont en désordre, son visage contracté, ses yeux hagards, sa face cramoisie.

L'empereur le regarde stoïquement, impérial, visage immobile et sévère, comme souvent lorsqu'il contenait lui-même ses grosses colères si fréquentes. Cet autre grand coléreux qu'a été Napoléon a l'air de comprendre en connaisseur la brutale réaction de Hitler face à son accusation de crime.

Soudain, Hitler se lève, arpente la pièce, tousse pour s'éclaircir la voix ; par miracle, tous les symptômes de sa fureur disparaissent. Il se lisse les cheveux, se rassied, et avec un air timide et méfiant, jette sur l'empereur un regard scrutateur.

Celui-ci lui lance un petit sourire narquois et fait comme si rien ne s'était passé.

Puis, comme s'il ne voulait pas laisser de répit à son interlocuteur, il reprend sèchement :

« Les juifs. Pourquoi cette haine envers les juifs, Monsieur le Chancelier ? Expliquez-moi votre rage envers ces gens-là.

Hitler à l'air surpris et se crispe à cette question :

– Je connais, Sire, votre mansuétude et votre soutien à cette race damnée et démoniaque ; n'avez-vous pas déclaré que, si vous gouverniez une nation juive, vous rétabliriez le temple de Salomon ? Votre République des droits de l'homme, et vous en particulier, avez trahi la religion des Français, qu'ils soient catholiques ou protestants, en réhabilitant la religion juive. À tel point que dans toute l'Europe on disait : "Tous les juifs voient en Napoléon leur Messie." » Quelle démagogie !

– Eh bien, oui, Monsieur Hitler, vous passez votre temps à promulguer des lois anti-juives alors que, moi, je me suis efforcé de leur accorder des droits et en particulier la liberté de culte en application de notre devise « Liberté, Égalité, Fraternité ». C'est notre différence, voyez-vous, Monsieur le Chancelier. L'établissement en France du Grand Sanhédrin est pour moi l'une des plus grandes œuvres de mon règne. J'avais même préparé, en 1799, pendant le siège de Saint-Jean-d'Acre, une proclamation créant en Palestine un État juif indépendant. Les Anglais, malheureusement, m'ont empêché de réaliser ce grand dessein ; si j'avais réussi, cela aurait été pour vous très malencontreux politiquement, Monsieur Hitler, vous n'auriez pu accéder au pouvoir en vous servant entre autres des juifs allemands comme boucs émissaires, et en les tourmentant. Les juifs constitueraient à présent, aujourd'hui, en 1940, une nation puissante où tous les israélites du monde seraient libres chez eux de leur destin, loin des persécutions de votre nazisme.

Moi, voyez-vous, Monsieur Hitler, bien qu'en France je me sois trouvé face à un antisémitisme très puissant, j'ai quand même imposé un plan d'intégration des juifs dans la nation, en déclarant bien haut à mes adversaires antisémites : "Ce n'est pas de cette manière qu'on réglera la question juive. On ne saurait me proposer rien de pire que de chasser de mes États un grand nombre d'individus qui sont hommes comme les autres. Il y aurait de la faiblesse à chasser les juifs, il y aura de la force à les assimiler."

Je regrette qu'après Waterloo, réunie à Vienne, la Sainte Alliance ait supprimé mes lois libérales dans l'Empire, rétabli les ghettos et imposé de nouveau l'étoile jaune.

Souvent, avec émotion, je relis la prière que les juifs reconnaissants m'ont dédiée en 1807. »

Prière des enfants d'Israël citoyens de France et d'Italie pour le succès et la prospérité de notre maître l'Empereur, le roi Napoléon le Grand (Que sa gloire étincelle).

Composée dans le mois de Mar-Hechran, année 5567.

(Psaumes 20, 21, 27, 147)

« *J'implore l'Éternel, créateur du ciel, de la terre et de tout ce qui y vit. Tu as établi toutes les frontières du monde et fixé à chaque peuple son langage. Tu as donné aux rois le sceptre du pouvoir pour qu'ils gouvernent avec équité, justice et rectitude afin que chacun, à sa place, puisse vivre en paix.*

Que nous sommes bienheureux, combien notre sort est agréable depuis que tu as placé Napoléon le Grand sur les trônes de France et d'Italie ! Aucun autre homme n'est aussi digne de régner, et ne mérite autant d'honneurs et de reconnaissance ; il dirige les peuples avec une autorité bienfaisante et toute la bonté de son cœur.

Quand les rois de la terre lui ont livré bataille, toi Dieu, tu lui as prodigué tes bienfaits, tu l'as protégé, tu lui as permis de soumettre ses ennemis. Ils lui ont demandé grâce et lui, dans sa générosité, la leur a accordée.

À présent, de nouveau, les rois se sont ligués pour trahir les traités et remplacer la paix par le sang de la guerre. Des armées se sont rassemblées pour combattre l'Empereur ; voici les ennemis qui s'avancent et notre maître avec sa puissante armée, se prépare à repousser l'agression.

Ô Dieu ! Maître de la grandeur, de la force, de la puissance et de la beauté, nous t'implorons de te tenir près de lui. Aide-le, soutiens-le, protège-le et sauve-le de tout mal. Dis-lui "Je suis ton sauveur" et donne-lui ta lumière et ta vérité pour le guider.

*De grâce, déjoue les complots de tous ses ennemis.
Que dans les décisions de l'Empereur apparaisse ta
splendeur. Renforce et affermis ses légions et ses alliés,
que tous ses mouvements soient empreints d'intelligence et de succès.*

*Donne-lui la victoire et oblige ses ennemis à
s'incliner devant lui et à lui demander la paix. Cette
paix, il la leur accordera car, lui, ne souhaite que la
paix entre toutes les nations.*

*Dieu de clémence, Maître de la paix, implante dans
le cœur des rois de la terre des sentiments pacifiques
pour le plus grand bien de toute l'humanité. Ne
permets pas au glaive de venir chez nous verser le sang
de nos frères. Fais que toutes les nations vivent dans la
paix et la prospérité éternelle. »*

Hitler ayant une immense admiration pour le
génie politique et militaire de l'empereur, la question juive ne put en aucune manière entamer cette
fascination ; cependant, les motivations de Napoléon
et son comportement envers les juifs troublent
énormément le Führer ; avait-il eut un motif secret
de les protéger ? Son animosité envers les juifs est
trop viscérale et maladive pour qu'il puisse croire
un seul instant à la bonne foi de Napoléon envers
ce peuple ; pour lui, seul un calcul politique avait
pu pousser l'empereur à les considérer ; mais
lequel ?

En revanche, Napoléon, avec sa grande connaissance de l'être humain, sait que Hitler aveuglé par la haine qu'il porte aux juifs ne fait que manifester sa paranoïa en voyant chez le juif sa propre image grimaçante, celle du juif qui trompe, qui pille, domine, asservit, extermine, souille : une extraordinaire projection de ses propres obsessions.

Pour l'empereur, au cœur de la transmigration des âmes et des esprits du passé, du présent, et de l'avenir, un épisode de la vie du Führer semble déterminant pour sa haine des juifs. Alors enfant, une large blessure s'était ouverte en lui : sa mère atteinte d'un cancer du sein était morte après avoir été soignée par un médecin juif nommé Bloch ; son antisémitisme nazi avait certainement trouvé l'une de ses racines dans cet événement très douloureux pour le jeune Adolf, « les invisibles dents du chagrin prêtent un jour à mordre de bon cœur dans le flasque cerveau d'une humanité devenue chienne attirée par le cul du diable ».

Dans son mythe du juif, ce médecin avait évidemment empoisonné sa mère, peut-être contaminée d'un horrible microbe, voire corrompue sexuellement ; sa haine trouvait son terreau dans ses fantasmes où régnait la destruction de toute cette vermine néfaste, ce ne pouvait être que la seule issue furieuse, la solution finale devenait inévitable à sa folie et à ses pulsions démoniaques ; malheureusement « l'hygiène raciale nazie » qu'il promouvait ne pouvait assainir et nettoyer par le crime son esprit malade, mais il ouvrait la voie à ces bourreaux barbouilleurs de lois raciales, hideux scélérats qui malheureusement sommeillent en chacun de nous.

Chez Maximilien Robespierre, chez Danton et Marat, Napoléon Bonaparte avait déjà rencontré ces esprits impitoyables et tyranniques proches de celui de Hitler par « la haine de l'autre ». Il disait d'eux : « Ni Robespierre, ni Danton, ni Marat n'avaient d'égaux quand *liberté, égalité ou la mort* se lisait en lettres de sang sur toutes les bannières françaises ; ils étaient les premiers d'une aristocratie terrible, dont la livrée était teinte journellement par la hache du bourreau. »

Robespierre, acteur de la Terreur, avait marqué le jeune Bonaparte ; celui qu'il nommait « le fanatique, le monstre » avait d'étranges points communs avec Hitler, ne serait-ce que dans leurs ascétismes maladifs et suspects. Sans comparer le nazisme au régime dictatorial sanglant de la Révolution française, ces deux personnages portent une lourde responsabilité de ces tristes errances de l'être humain dans le territoire sec du cœur où l'on chérit autant la soif du crime que le sang des autres.

Certains diront de Napoléon qu'il était un fou sanguinaire, ou un grand esprit devenu fou…Toutes les grandes préoccupations de l'esprit peuvent occasionner la folie ; celles de Napoléon étaient vastes : les arts, la religion, les sciences, la politique, la guerre, et même l'amour. Cette géniale surexcitation cérébrale aurait pu être pour Napoléon matière à suicide, s'il n'avait été toute sa vie en fait un vrai spirite, qui voit les choses de ce monde d'un point de vue si élevé qu'elles lui paraissent petites, mesquines auprès de l'avenir qui l'attend ; la vie est pour lui si courte, si fugitive, que les tribulations ne sont à ses yeux que les incidents désagréables d'un voyage bien court, fût-il impérial.

Chez un autre, tel ou tel incident produirait une violente émotion, l'affecterait médiocrement, Napoléon, lui, sait que les épreuves de la vie et ses chagrins sont des vicissitudes qui servent à son progrès ; il subit sans murmure, car il sera récompensé selon le courage avec lequel il les aura supportées. Conviction et résignation le préservent du désespoir et le sauvent jour après jour des causes de la folie et du suicide.

Quant à Monsieur Hitler, Napoléon voit en son esprit celui qui met fin volontairement à ses jours, il le voit déjà sur cette pente funeste, il sonde les profondes et mystérieuses faiblesses de la frayeur d'Adolf Hitler, mené par la volonté d'un démon expérimenté qui aura perdu plus d'un cerveau déjà malade.

Hélas, Hitler n'a plus peur du croquemitaine et du loup-garou ; là est le problème pour son cerveau funeste, défait et si fragile d'avoir été privé d'amour maternel.

Hitler souhaite ardemment que l'empereur lui parle du 18 Brumaire ; il est passionné par ce coup d'État politico-militaire. Des similitudes existent entre son ascension vers le pouvoir et ce tournant de l'épopée napoléonienne.

En effet, la révolution allemande de novembre 1918 et son Conseil des commissaires du peuple a précédé la République de Weimar qui avait mené au pouvoir des hommes assez comparables à ceux du Directoire en France, portés à la tête du pays par la Révolution française et la Terreur. Des assassinats, des trahisons et de multiples exécutions avaient émaillé de la même façon ces deux périodes post-révolutionnaires allemande et française.

La Nuit des longs couteaux du 30 juin 1934 a été pour Hitler le pendant du 18 brumaire 1799, les assassinats en moins, mais il s'agissait dans les deux cas, pour Hitler et pour Bonaparte, par un coup de force, d'écarter définitivement leurs adversaires. Pour Hitler, c'étaient Röhm, Strasser, Schleicher ; pour Bonaparte, Barras, Moreau, Bernadotte, soutenus par la gauche et les jacobins.

Hitler, le 30 janvier 1933, devient chancelier ; le 2 août il prend tous les pouvoirs et la Werhmacht lui prête serment ; tandis que, en France, le 19 brumaire an VIII, deux commissions, substituées aux Conseils nommeront Bonaparte consul à vie, avec le soutien total de l'armée française.

En rapprochant les deux chronologies, de Napoléon et de Hitler, jusqu'à leur prise de pouvoir, on serait étonné de découvrir d'étranges coïncidences ou hasards liés souvent aux événements tour mentés de ces deux périodes de l'histoire allemande et française.

La seule différence entre ces hommes fut que Bonaparte n'usa point du crime de sang gratuit et du génocide organisé pour accéder à ses ambitions de pouvoir.

CHAPITRE IX

Moi, Napoléon, dans le tombeau, ce matin, je suis prêt à descendre. Frères, sœurs, mère, petite mère, père, petit père, amis, jeunes femmes de ma jeunesse, gardiens de ma vieillesse, dans vos mains, je dépose ma cendre.

Autour de mon cercueil, rassemblées, mes jeunes vieilles reliques vous révèlent mon souvenir déjà fané avant d'éclore dans vos nuits tourmentées, où sans cesse je vous poursuivrai avec mes volages douceurs.

Laissez reposer mes cendres sur ce marbre trop froid, cendres issues de ce pénible trépas où vous m'avez les uns et les autres accompagné, espérant voler avant la mort un amour odieux pris sur la part de jeunesse que je vous ai dérobée jadis, là-bas, dans la boue sanglante de Waterloo.

Empereur, je vous guide vers la tombe où je me suis endormi, vos yeux rougis la regardent pensant y voir leur ami, leur idole de liberté, mais n'y trouvent, effarés, que le nid paresseux du maître de leurs malheurs et de leurs tourments.

Moi Napoléon devant toi Adolphe, coupable d'avoir tant de justes massacrés, sur ma poitrine de vaincu glorieux, oseras-tu cracher ton venin répugnant d'assassin, pour attendrir l'histoire qui va venir se venger ?

« Monsieur le Chancelier, vous semblez vous intéresser au 18 Brumaire ; je crois cependant que, grâce aux historiens, vous savez déjà tout, et je n'ai rien à ajouter aux récits divers ou analyses publiés sur cet événement capital.

Néanmoins, je peux vous affirmer que, ce jour-là, avec mes amis, nous avons sauvé la République ; ceux qui prétendent qu'elle fut assassinée doivent savoir que, si j'avais échoué, rapidement nous aurions vu revenir et pour longtemps la monarchie des Bourbons. Pour sauver la République, "Ni bonnets rouges, ni talons rouges", telle était ma formule politique de l'époque.

– Sire, on vous surnommait, je crois, "le plus civil des généraux".

– C'est exact, Monsieur le Chancelier, n'êtes-vous pas vous-même à la tête du Reich "le plus militaire des civils" ? Votre stratégie de chef et vos victoires éclairs sur vos adversaires en sont la preuve. Vous et vos généraux êtes d'excellents manœuvriers dignes de l'école napoléonienne ; il me semble que vous avez bien retenu de mes campagnes que la rapidité d'action des troupes est une des clés de l'affaire.

Hitler éclate de rire :

– Eh oui, Sire, vous dites, en 1805, si je me souviens bien : "La force d'une armée, comme la quantité de mouvement en mécanique, s'évalue par la masse multipliée par la vitesse", et aussi : "Un général en chef ne doit jamais laisser reposer ni les vainqueurs ni les vaincus". Croyez-moi, Sire, de ces propos, j'ai bien retenu la leçon.

Je vous confie bien volontiers que je n'ai pas à avoir de scrupules pour vaincre mes ennemis ; aujourd'hui, je choisirai sans état d'âme l'arme que je jugerai nécessaire à leur destruction.

Savez-vous, Sire, que les nouveaux gaz toxiques sont terribles ; mais, après tout, quelle différence y a-t-il entre la lente agonie d'un fantassin à Austerlitz, transpercé par le sabre ou la lance, et les souffrances du gazé ou de l'intoxiqué ? Dans l'avenir, c'est toute une nation d'habiles techniciens de la guerre qui se dressera contre l'autre, ce ne sera plus seulement une armée luttant contre des armées ennemies. Nous ruinerons la santé physique de nos ennemis de la même façon que nous briserons leur résistance morale. Nous aurons la possibilité de les détruire bien avant que s'engagent des hostilités militaires ; nous enverrons chez eux des voyageurs discrets, inoffensifs, qui répandront la mort en provoquant des épidémies qui se déclareront presque aussitôt ; le bacille et le virus seront et sont les armes nouvelles. N'auriez-vous pas, Sire, préféré domestiquer à votre profit le microbe de la peste pour vous en servir à Jaffa contre les Turcs plutôt que de voir vos troupes en périr ?

Mais restons lucides et réfléchissons à ces nouvelles armes ; nous devons nous montrer clair-voyants devant toute cette science de la mort ; elle a forcément ses antidotes.

Sire, par exemple, dites-moi quelles modifications ont eu lieu depuis la bataille de Cannes ? L'invention des armes à feu, au Moyen Âge, qu'a-t-elle donc changé aux lois de la stratégie ? Je reste sceptique en ce qui concerne la valeur des découvertes techniques. Quelle est l'invention qui, jusqu'à présent, a pu révolutionner les lois de la conduite de la guerre d'une manière durable ? Chaque invention est elle-même suivie presque immédiatement d'une autre, qui en neutralise les effets. Certes, la technique des armements progresse continuellement, et il est certain qu'elle innovera encore beaucoup avant d'avoir atteint la perfection absolue en matière de puissance destructive. Mais tout cela ne confère qu'une supériorité momentanée ; croyez, Sire, que j'en suis conscient. La stratégie de la guerre ne varie pas, en tout cas pas au fond, du fait de ces découvertes techniques.

Majesté, je refuse de revoir ce que j'ai vécu dans ma chair pendant cette guerre invraisemblable de 14-18, cette hécatombe stupide, ces charges d'infanterie finissant dans une boucherie inutile ; j'ai besoin de préserver la jeunesse allemande pour entreprendre de grandes choses avec elle. Je ne peux faire la guerre que si je considère avec certitude que mon adversaire, démoralisé par ma puissance, succombera sous le premier choc.

Je me réjouis que la campagne de France n'ait pas été un affrontement sanglant entre nos deux peuples

Je sais, Sire, que pour vous, le plus grand manœuvrier européen de l'histoire militaire, il s'agit d'une capitulation honteuse due à une carence invraisemblable de l'État français et surtout de son état-major.

Croyez-moi, j'ai été le premier surpris de cette "drôle de guerre", je m'attendais à plus de résistance venant de la plus grande armée d'Europe ; mon état-major et moi-même nous la redoutions ; mais, voyez-vous, Sire, je ne suis pas mécontent que nos deux peuples ne se soient pas stupidement massacrés mutuellement.

– Certainement, accorde Napoléon. Mais, Monsieur le Chancelier, si je vous suis parfaitement sur la partie militaire de la campagne de France, je sais qu'en Allemagne, et dans les pays soumis à votre pouvoir, vous avez commencé à faire régner la terreur, vous persécutez les juifs, les tsiganes, et bien d'autres minorités inoffensives.

Ces fameuses armes chimiques et bactériologiques dont vous vous faites l'apôtre ne vous servent-t-elles pas à exterminer par grande quantité ces pauvres bougres ? Ces terribles camps de concentration et d'extermination que vous avez organisés ne sont-t-ils pas le pire des crimes envers l'humanité ? Ils n'ont rien à voir avec la guerre telle que je l'entends.

Monsieur Hitler, je vous aurais volontiers suivi sur le terrain purement militaire, quitte à reconnaître en effet la débâcle actuelle de la France, mais l'industrie de la mort que vous instaurez en marge de la guerre ne peut que disqualifier vos ambitions de seigneur de la guerre, comme l'étaient les prestigieux chevaliers Teutoniques.

J'ai bien peur que, pour l'Histoire et pour moi, vous ne restiez, Monsieur Hitler, qu'un vulgaire criminel déguisé en militaire de parade. Mais rassurez-vous, il existera toujours l'impunité pour les grands que nous sommes. »

CHAPITRE X

Monstres aux bouches de bronze, entourés d'une
moisson de soldats ivres de puissance, épargnez ce Paris
qui sera au tyran un complice où les râles de femmes
seront amour ou tourments.

Pendant ce temps, Pierrot, notre amoureux de Paris vogue sur les pavés frappés des bottes.

Quant à Riton, lui aussi c'est un vrai Parigot dans l'âme, un titi de Paris, vieux peintre en bâtiments, compagnon de chantier d'Arturo, le cœur et les bras ouverts à tous les miséreux de ce pauvre monde. Il a pour rituel de siffler son ou ses petits coups de blanc – « le matin, toujours du sauvignon bien sec » – au petit zinc de Chez Odette, minuscule bistrot resté ouvert contrairement à beaucoup, bien net et bien propre, sympa et surtout populaire, qui semble incrusté depuis des lustres dans ce quartier élégant du Trocadéro, rue Vineuse exactement, ça ne s'invente pas.

Riton, régulièrement, fait le trajet depuis Belleville rien que pour venir Chez Odette le dimanche matin à vélo, malgré ses soixante-sept balais, rien que pour

Odette et le plaisir de se retrouver dans les beaux quartiers, non pas en cotte blanche de travail pour y bosser comme tous les jours de la semaine, mais bien fringué, veston des dimanches, sublime cravate, casquette impeccable, bien gominé évidemment à la Tino, et tout ça pour « côtoyer le bourgeois et surtout la bourgeoise » et, dit-il, enfin d'égal à égal pour causer avec le beau linge. Le croit-il, le brave Riton ?

Les bourges du Trocadéro, ceux qui sont encore là, aiment passer un bon moment Chez Odette à trinquer avec le populo, « les pue-la-sueur » comme ils disent, qui les amusent tant, et tellement bien symbolisés avec brio, en vedette, par Riton et ses drôles d'histoires de pauvre issues d'un monde si lointain, là-bas, vers Belleville.

Pas de Boches chez Odette, l'endroit n'est pas assez huppé pour ces messieurs de la Wehrmacht ; actuellement en visite organisée à Paris, ils préfèrent parader à la terrasse de la célèbre Brasserie Dumesnil, boulevard du Montparnasse. Là, ils sont sûrs de rencontrer des consommatrices peu farouches et bien disposées à la galanterie de ces Messieurs ; en revanche pour rien au monde eux, les bourges du Trocadéro, ne manqueraient leurs retrouvailles du dimanche matin avec les clients d'Odette, concierges du coin, ouvriers endimanchés, ou êtres étranges sortis de la nuit d'un Paname mystérieux, ou d'un plumard délictueux.

Chez Odette, la guerre et l'envahisseur, on en parle, certes, fatalité, résignation, bref on verra bien avec les Fridolins ; mais attention, le plus important ici, c'est la dernière cuve du chinon 1938, comparé au saint-nicolas-de-bourgueil rapporté hier de Touraine par le beau Jeannot, l'amant en titre d'Odette, Jeannot ayant évité les Allemands qui venaient juste la veille de passer la Loire, le 15 juin, après une dure bataille sur le pont de Saumur face à la résistance héroïque des élèves cadets de l'école de cavalerie, bataille commandée par le courageux colonel Michon, qui déclara ce jour-là, face aux allemands : « L'ennemi passera sur mon corps plutôt que je recule. »

En effet, parlons en sérieusement du saint-nicolas et du bourgueil : entre ces deux terroirs, c'est la vraie guerre, et il va y avoir des morts, dit Riton, qui sera en tout état de cause le seul juge de paix.

La barbouille et surtout le pinard des bords de Loire, c'est son dada, son domaine réservé, au vieux Riton, on ne lui en apprend pas plus sur un appartement à peindre correctement que sur toutes les dernières bonnes années (millésimes) depuis les sancerres, jusqu'aux délicieux vins du pays nantais, muscadet, vin d'Anjou avec ses coteaux-du-layon, en passant bien sûr par les saumurs, bourgueils et vouvrays.

D'ailleurs, sa bouille, au vieux Riton, on dirait un bon vieux gros cep où percent, toujours agitées, deux tendres boules rougies depuis belle lurette par tous ces liquides divins.

Curieusement, ce dimanche matin, Riton n'a pas l'air dans son assiette, il semble ailleurs, songeur.

Les habitués de Chez Odette s'inquiètent de sa mine renfrognée, inhabituelle à notre vieux boute-en-train...

Odette, pleine de sollicitude :

« Alors, Riton, qu'est-ce qui ne va pas ce matin. Belle journée, beau soleil, pourtant ?

Surpris, Riton tressaille :

– Oh, ma petite Odette, c'est affreux ! En venant chez toi, j'ai croisé une triste cavalcade qui m'a fait froid dans le dos. »

Riton raconte alors à Odette et aux clients du bistrot sa rencontre fortuite, sur les boulevards, avec le cortège du Führer. Le tyran suprême est dans « son » Paris.

Tout le monde est étonné d'apprendre cette nouvelle inattendue de la bouche du vieux. Ni la radio ni les journaux sous le contrôle de l'occupant n'ont annoncé cette visite surprise. D'ailleurs dans la presse française écrite, excepté *Le Matin*, *Paris-Soir* et *L'Intran* avaient été remplacés par le *Pariser Zeitung*.

Certes, après la capitulation pitoyable de Paris, il fallait bien s'attendre d'un jour à l'autre à une entrée triomphale du conquérant nazi dans la capitale, mais certainement pas à une visite en catimini un dimanche matin à l'aube.

Le bistrot est bouleversé de savoir Hitler et sa bande de Teutons visitant en ce moment Paris encore à moitié endormi. Ils en veulent terriblement au général Weygand d'avoir déclaré Paris ville ouverte.

Riton marmonne :

« Quel malheur que, tous les quarante ans, les Boches se ruent sur la France ! Quelle fatalité ! Et celui-là qui vient nous narguer !

– Mais oui, mon brave Riton, de Bouvines à Sedan jusqu'à la Marne. Et maintenant, aujourd'hui, ils ne nous lâchent pas ! s'exclame Jeannot, un féru d'Histoire. »

Riton, avec lassitude, hausse les épaules, comme beaucoup de Français résignés à cette « drôle de guerre ».

Vingt fois le peuple Français et le peuple allemand se sont affrontés, dans une rivalité permanente. Riton est écœuré de cette gabegie de sang français et allemand versé inutilement en attendant des armistices temporaires avec nos ennemis héréditaires…

Riton, né en 1873, avait quarante et un ans en 1914 ; presque déjà trop vieux pour partir au front ; il avait regretté ne pas se retrouver en première ligne avec notre belle jeunesse qui allait être, encore une fois, sacrifiée sur l'autel des multiples ambitions de généralissimes.

Cet absurde besoin de destruction entre les hommes effraye notre Riton ; malgré tout, cet l'homme simple espère en son semblable ; il croit que les besoins de destruction dans l'avenir s'affaibliront chez l'homme à mesure que l'esprit l'emportera sur la matière ; c'est pourquoi nous voyons fort heureusement souvent, en parallèle à l'horreur de la destruction, se développer un mouvement intellectuel et moral ; quoique, pour Riton, vieil anar, la moralité ne fût pas la panacée. Les événements actuels le désespèrent cependant.

Malgré son certif et sa condition modeste d'ouvrier, doté d'une intelligence subtile et fine, Riton se pose souvent sans en être très conscient, des questions existentielles qui l'interpellent, au fond de lui.

Beaucoup des réponses à ces questionnements, il les trouve grâce au souvenir et à l'éducation de sa mère Jeannette qui l'a élevé dans le culte du fascinant Allan Kardec, de sa pensée spirituelle et philosophique.

Par exemple aujourd'hui, jour néfaste pour Riton, l'interrogation se pose : qui porte les hommes et les peuples à la guerre ?

Jadis, pour répondre à Riton, Jeannette aurait sûrement cité Allan Kardec :

« Prédominance de la nature animale sur la nature spirituelle, et assouvissement des passions. Dans l'état de barbarie, les peuples ne connaissent que le droit du plus fort ; c'est pourquoi la guerre est pour eux un état normal. À mesure que l'homme progresse, elle devient moins fréquente, parce qu'il en évite les causes ; et quand elle est nécessaire, il sait y allier l'humanité. »

Même pour l'immense amour qu'il a eu – qu'il a toujours – pour sa mère Jeannette, cette définition et cette analyse d'Allan Kardec sur la guerre ne peuvent complètement satisfaire Riton ; il hait toutes les bonnes raisons et les nécessaires causes de guerroyer. Seuls la paix, la liberté et le progrès pour les hommes valent à ses yeux. Pour lui, celui qui suscite la guerre à son profit, comme Adolf Hitler, celui-là est le vrai coupable et il lui faudra bien des existences, comme aurait dit Kardec, pour expier tous les meurtres dont il aura été la cause, car il répondra de chaque homme dont il aura provoqué la mort pour satisfaire son ambition.

Cette révélation stupéfiante de la présence de Hitler à Paris provoque immédiatement une bouffée de révolte patriotique dans les entrailles de nos buveurs de bourgueil et de chinon, évidemment avec appréhension, mais quand même, l'idée de profiter des circonstances pour assassiner Hitler germe dans les têtes, se répand comme une traînée de poudre, excitation électrisant les cerveaux des clients du bistrot d'Odette !

L'absence de toute présence allemande ce dimanche matin dans le café favorise ce climat de machination tueuse.

La volonté de meurtre sur la bête immonde a maintenant surchauffé et bien imprégné l'atmosphère du débit de boisson. Chacun voyant subitement naître son envie d'être un héros à jamais pour la France. Abattre de ses mains Hitler avec le fort sentiment de légitime défense dû à la Patrie, sans culpabiliser le moins du monde, contraint par la force de terrasser l'agresseur de la France, quelle belle idée !

Sur les fronts blêmes des bourges jusque-là planqués, la belle liberté, étincelante, armée et vengeresse, après la débâcle, leur propose une autre chance, volonté d'anges vengeurs, les trois couleurs dans leur main agile, et flotte déjà dans le grand drapeau des songes. Ils veulent, de leurs cris muets, rejoindre les martyrs du mur des Fédérés, les autres, en bataillons de brailleurs professionnels, orgueilleux de vivre encore malgré tout, discrètement, quittent, piteux, un à un, le bistrot d'Odette par peur de voir soudain trop de désirs, où naissent trop de forces mortelles, les étouffer.

Et comme éternellement dans notre France, ceux qui veulent frapper le monstre acharné à la détruire, l'obstacle soudain les fait supérieurs, Jeannot saute par-dessus le comptoir, la chemise à moitié ouverte, blanche poitrine, martyrs, bourreaux, tyrans, rebelles tour à tour, elle s'offre à la déchirure des balles traçantes.

Il a surgi, désigné par le bras de la délivrance, lui qui aime sa patrie sans faste et sans bruit. Notre Jeannot, tu es si beau !

Odette, soudain appréhende ce courage, elle peut perdre son amant, il est là, au milieu de ceux qui veulent le soulever dans les cieux auprès des dieux pour ressusciter la France.

Jeannot se propose-t-il vraiment d'assassiner Hitler ? Inimaginable, mais pourquoi pas... Ils veulent y croire.

Alors, avec leur bouche glacée de peur, ils l'embrassent, le caressent, ivres de leur bassesse ancienne, ils le flattent, l'encouragent, ils sont à la fois l'indispensable et horrible aréopage qui suivra toujours de loin, cynique, le vainqueur et sa victoire, les témoins qui fabriquent sans gêne les grands tombeaux pour y ensevelir les héros purs.

Jeannot est beau dans la gloire, pour l'instant à crédit. Peu, dans le café croient au passage à l'acte, mais qu'importe, il est tellement magnifique, notre Jeannot. Ses longs et lisses cheveux ébène, son regard noir et prometteur de largesse, orageuse à vivre, nous regardent comme un enfant étonné et nous contraignent de rougir et de baisser les yeux devant ce beau manouche tourangeau.

« Puis-je mourir pour vous ? »

Il murmure de sa bouche aux lèvres nacrées que l'on croit teintées par un miel rose et rare, mais avec crainte de l'embrasser de peur qu'une langue amère ne vous accueille si vous ne savez l'aimer et lui plaire.

S'il le veut, il pénétrera seul votre cœur, cet homme qui semble impénétrable, l'amour le fait sourire, d'un sourire d'enfant qui ne cesse de remercier les autres de le croire aussi beau.

Pierrot entre dans le bistrot d'Odette, il sait y retrouver Riton, ami de son père : il a été formé au métier par les deux hommes.

« Tiens, v'là mon arpète ! Un coup de blanc, mon p'tit Pierrot ? lui lance Riton.

– Salut, le vieux ! D'accord pour un ballon de saumur ! » répond Pierrot.

Riton raconte à Pierrot sa drôle de rencontre ; Pierrot n'est pas très étonné car il vient lui aussi de croiser à l'instant des side-cars et des camions allemands se dirigeant à vive allure vers la Seine.

Cette agitation allemande matinale et motorisée l'a étonné. Maintenant il sait pourquoi, et comprend l'agitation qui régnait chez Odette.

Riton explique discrètement à son apprenti que Jeannot a décidé de profiter de la situation et, vite, de tenter quelque chose contre la personne d'Adolphe Hitler. Aussitôt Pierrot dit vouloir en être.

« Ah non, Pierrot ! lui lance Riton. T'es bien trop jeune, mon gars, laisse faire notre Jeannot. Lui a de l'expérience. »

En parlant ainsi, Riton fait secrètement référence aux brigades internationales où Jeannot a combattu, en Espagne, il y a peu.

Seuls Odette et Riton connaissent ce secret. Pour organiser au pied levé un attentat de cette sorte, sans savoir combien de temps Hitler restera à Paris et dans quels endroits, on ne peut perdre de temps.

L'affaire sera donc organisée par Riton, Jeannot et Odette ; Pierrot, après insistance et accord de Jeannot, malgré les protestations, prêtera main forte s'il le faut.

Vers midi, trouvant un prétexte malgré les protestations des clients, Odette décide de fermer le café, chacun retourne chez soi dubitatif, sans bien comprendre cette précipitation.

Maintenant, tranquille pour agir sans témoins, Jeannot demande à Odette d'aller chercher les armes rapportées d'Espagne, cachées dans la cave.

CHAPITRE XI

Les esprits moqueurs jouent de la patrie, comme des enfants le feraient en indiquant de leurs frêles doigts la direction où vont mourir leurs plaisirs frémissant de honte.

Dans cette rencontre de spiritisme avec Hitler, il est certain maintenant pour l'Empereur que, dans le monde des esprits où Hitler se retrouvera après sa mort, il fera partie des esprits impurs. Ceux-là sont enclins au mal et à ses turpitudes, ils en font l'objet de leurs préoccupations. Ces esprits ne donnent que des conseils perfides, soufflent la discorde et la défiance, prennent avec malice tous les masques pour mieux tromper. Ils s'attachent aux caractères assez faibles pour céder à leurs suggestions afin de les pousser à leur perte, satisfaits de pouvoir retarder leur progrès en les faisant succomber dans les épreuves qu'ils subissent.

Allan Kardec a rajouté dans ses écrits que ces esprits impurs, dans leurs manifestations, on pouvait les reconnaître à leur langage ; la trivialité et la grossièreté des expressions, chez les esprits comme chez les hommes, sont toujours des indices d'infériorité morale, sinon intellectuelle.

Leur communication décèle la bassesse de leurs inclinations. Certains peuples en ont fait des divinités malfaisantes, d'autres les désignent sous les noms de démons, mauvais génies, esprits du mal.

Napoléon est certain que son triste visiteur sera dans le XXᵉ siècle le plus grand de ces esprits maudits.

Malheur à ceux qui en seront le jouet ou la victime, car Allan Kardec va encore plus loin à propos de ces esprits. Imparfaits dans leur animation d'êtres vivants, incarnés, ils sont enclins à tous les vices qu'engendrent les passions viles et dégradantes : la luxure, la cruauté, la fourberie, l'hypocrisie, la cupidité ; ils font le mal, le plus souvent sans autre motif que la haine du bien ; ils choisissent presque toujours leurs victimes parmi les honnêtes gens. Ce sont des fléaux pour l'humanité, à quelque rang de la société qu'ils appartiennent, et le vernis de la civilisation ne les garantit pas de l'opprobre et de l'ignominie.

Matinée silencieuse de ce mois de juin 1940. L'enfer nazi ne fait que commencer sur Paris ; juin 1940 n'est que le prélude à une immense tragédie qui durera 1 522 jours.

Cette idée est insupportable à l'Empereur, esprit bienveillant, esprit supérieur ; il désire le bien de la France, réunissant la science, la sagesse, la bonté et de grandes connaissances ; il veut combattre ce Monsieur Hitler sur le terrain des esprits et s'efforcera d'entraver ses dessins lugubres grâce à la réincarnation de purs esprits qui sauveront la France et l'humanité de la bête immonde.

« J'en suis sûr, un jour, vous capitulerez, Monsieur le Chancelier, lance froidement l'Empereur à Hitler.

– Jamais ! s'écrie Hitler, le visage méprisant. Jamais nous ne capitulerons, mais, si cela doit arriver nous entraînerons le monde dans notre chute. D'ailleurs, je vous confirme que pour nous défendre je choisirai les armes les plus terribles : les nouveaux gaz toxiques ou des armes bactériologiques ; elles sont effrayantes. Je vous répète, Sire, que je les emploierai. Mais, voyez-vous, Sire, pour l'instant, je vais occuper Strasbourg, Brest, Tours, Montluçon, Thiers et Riom, et nommer Laval et Marquet ministres d'État, et, pour couronner le tout, écouter votre valeureux maréchal Pétain lancer à vos compatriotes le discours que je vous remets bien volontiers. »

Hitler tend à l'empereur une feuille de papier, Napoléon se lève et lit, atterré, le texte du vainqueur de Verdun :

« Soldats, nous avons demandé l'armistice parce que la situation militaire l'imposait. Nous tirerons la leçon des batailles perdues ; tous les peuples ont connu tour à tour des succès et des revers. C'est par la manière dont ils réagissent qu'ils se montrent faibles ou grands. Le peuple français ne conteste pas ses échecs ; depuis la victoire, l'esprit de jouissance l'a emporté sur l'esprit de sacrifice. On a revendiqué plus qu'on n'a servi. On a voulu épargner l'effort, on rencontre aujourd'hui le malheur. J'ai été avec vous dans les jours glorieux. Chef du gouvernement, je suis et je resterai avec vous dans les jours sombres. »

À cette lecture désastreuse pour l'empereur, les souvenirs de l'île d'Elbe puis de Fontainebleau et de Sainte-Hélène viennent jusque dans l'au-delà le détruire à nouveau au plus profond de son être. Pour l'empereur, sur le plan militaire, les théories de Hitler apparaissent surprenantes ; mais malheureusement victorieuses à ce jour.

Certes, Hitler est entouré dans son état-major de vieux généraux de la Wehrmacht, issus pour une large part de la Grande Guerre, ayant étudié et retenu à l'école de guerre beaucoup des batailles napoléoniennes, visions militaires plus accessibles à l'Empereur qu'au Führer.

Mais il sent chez Hitler un refus de suivre les conseils de ces anciens militaires de la vielle école, pour lui inefficaces en 14-18, et qui, par leurs erreurs, lui avaient valu de souffrir dans sa propre chair. Il fait relativement plus confiance à la jeune génération, plus doctrinaire que pure tacticienne, auprès d'un Hitler pensant que sa propre vision géniale de la guerre est la vérité absolue.

La technique professionnelle de ces anciens ou même nouveaux généraux encroûtés est pour lui sans imagination et pauvre de talent militaire. Pour

Hitler, la réussite militaire se trouve aujourd'hui dans les sciences, et par conséquent les savants lui apporteront la victoire, d'où son attention toute particulière pour la chimie de guerre.

Disant que sa vie avait toujours été une guerre, il considère que chaque lutte en est une nouvelle, où les solutions toutes faites ne peuvent se trouver dans les manuels des écoles de guerre.

De plus, au-delà des armes, vaincre l'ennemi grâce à un ordre spirituel est pour Hitler le sommet de l'art de la guerre. Faire capituler l'ennemi avec des moyens moins onéreux et plus sûrs, voilà quelle est sa vraie jouissance. Dès l'instant où l'ennemi capitule, il peut être anéanti.

Avec *Mein Kampf*, il a cherché déjà à faire comprendre cet « ordre spirituel », dont il croit pouvoir se servir comme d'une arme qui lui ouvrira les esprits et ensuite les frontières ; il est convaincu que le nazisme et ses théories peuvent désarmer l'adversaire qui, trouvant à l'intérieur un nouvel ennemi, pourra ainsi assouvir son instinct naturel de prédateur.

Les deux seigneurs de la guerre se fixent maintenant, comme deux amants prêts à porter le pardon à la bouche de l'autre. La mort qu'ils ont donnée, ou vont donner, semble être pour eux une douleur amère qu'ils doivent se partager, tellement pesante, seul, dans le fleuve tortueux et maudit de la mort des autres brisant de funestes sanglots le silencieux repos sanglant des vainqueurs qu'ils furent ou seront.

Mais l'empereur ne peut admettre du chancelier cette plaidoirie de la conquête sans aucun exploit glorieux pour la délivrance et la liberté des peuples. Pour Napoléon, le discours de Hitler est celui d'un tyran sans avenir.

« La République ! s'exclame soudainement l'empereur, fixant toujours Hitler de son regard d'aigle. Égalité, liberté, fraternité, Monsieur le Chancelier, je vous le répète, j'ai fait la guerre et donné le canon, soit, mais c'était pour protéger la France et proposer aux autres peuples ces valeurs humaines qui, me semble-t-il, ne sont pas les vôtres, avec votre idéologie national-socialiste. »

Hitler comprend bien que Napoléon souhaite l'entraîner dans une confrontation doctrinale sur leur révolutions respectives. Hitler ne peut ni ne veut le suivre sur cette voie ; il se sait vulnérable face à cet esprit idéologue, révolutionnaire redoutable jonglant habilement avec les droits de l'homme et du citoyen ; le créateur du Code civil français, encore en vigueur ce 23 juin 1940 et qui est pour Hitler un adversaire intellectuel inaccessible sur ce terrain.

Hitler doit ramener Napoléon sur le terrain purement militaire, la raison fondamentale de son admiration pour le vainqueur d'Austerlitz.

– Sire, la défaite et la capitulation militaires de la France doivent vous rendre plein d'amertume.

– Eh oui, Monsieur le Chancelier, dans cette affaire nous sommes en retard d'une guerre, certainement en raison de longues années où, bercés comme dans un rêve, nous nous sommes endormis benoîtement sur des lauriers depuis trop longtemps coupés, et complètement fanés. Médiocrité de l'infanterie, qui fut jadis mon point fort ; et puis ces nouvelles armes, comme l'aviation ou les chars, sans mobilité ni puissance de feu suffisante. Et surtout, pour moi l'artilleur, voir l'inefficacité de mouvement de cette arme que j'avais portée au sommet de la tactique militaire, je comprends, monsieur le Chancelier, que devant cette infériorité et ce marasme, vos troupes n'aient pas eu grand mal à mettre à genoux notre vieille patrie, mangée par l'insouciance et un terrible défaitisme. J'ajouterais, Monsieur le Chancelier, que la natalité de votre peuple a doublé depuis 1870 ; celle de la France au contraire est restée la même. Vous pouvez donc militairement puiser allégrement dans une nation qui vous assure la supériorité grâce au grand nombre de divisions que vous pouvez aligner.

J'ai toujours cru que la dépopulation d'un pays appelle un jour ou l'autre à la défaite, j'avais bien compris qu'un des problèmes de la grande armée viendrait un jour de la difficulté à mobiliser par la conscription, tellement impopulaire ; la France était pourtant à l'époque le pays le plus peuplé d'Europe. D'ailleurs, mes armées furent composées souvent de nombreuses troupes étrangères, certes courageuses et fidèles à leur empereur, mais assurément moins motivées à terme qu'une armée comme la vôtre, issue directement du peuple allemand.

Hitler acquiesce :

– Sire, je vous suis parfaitement sur ce registre, mais je dirais que les raisons de la défaite militaire de la France sont aussi dues à sa situation économique désastreuse. Durant votre règne, vous vous êtes employé à créer en France une économie florissante afin de soutenir financièrement et matériellement l'effort de guerre et de défense de la France ; eh bien, moi, j'ai permis à l'Allemagne de se redresser économiquement et de construire une industrie militaire moderne pour des soldats devenus aujourd'hui des techniciens. Sire, l'époque des mercenaires étrangers ou celle des troupes coloniales est terminée ; chaque Allemand doit être un combattant civil ou militaire en apprentissage permanent pour la grandeur du Reich.

Napoléon souffrait de ces paroles, dures pour la France, mais malheureusement exactes.

– Monsieur le Chancelier, je sais que, depuis 1870, il nous aura manqué 30 millions de Français, c'est certainement une des causes de notre défaite, hélas ! Matériel, armement et stratégie ne peuvent combler ce manque, je le sais, les guerres modernes comme les miennes ont besoin de cœurs, de cerveaux, et surtout de bras.

Hitler est passionné par les propos de l'Empereur, qui le conforte sur sa stratégie appliquée jusque-là.

– Sire, avant mon engagement dans ce conflit, j'ai envisagé avec mon état-major non seulement une grande guerre de mouvement, formule napoléonienne, bien entendu, mais en y rajoutant pour ma part, comme vous fîtes avec votre cavalerie, une force d'engins mobiles en formation extrêmement rapide, et jouant sur un effet de surprise pour créer un rôle décisif dans la bataille.

Napoléon opine de la tête :

– Excellent, Monsieur le Chancelier, cette façon de faire la guerre ; moi-même j'ai toujours essayé l'effet de surprise quand cela était possible, mais attention, sans improvisation ; j'en ai compris l'efficacité très vite en Italie, et surtout pendant la campagne d'Égypte, où les combats vifs et rapides en escarmouche, menés par les mameluks m'ont appris beaucoup à cet égard. De même qu'à grande échelle, lorsqu'en 1804, au camp de Boulogne, j'ai décidé que les troupes de la grande armée prévues pour l'invasion de l'Angleterre devaient être envoyées à vive allure dans le secret sur les champs de bataille à l'est de l'Europe, cela a produit grand effet sur nos ennemis et mis à mal leurs stratégies toutes faites.

Eh oui, Sire, continue Hitler, passionné. Nous savons bien que vous avez inventé le *Blitzkrieg* avant la lettre, cette conduite des armées en direction du champ de bataille est unique et un modèle pour nous ; nous ne faisons aujourd'hui qu'ajouter le moyen moderne que les machines et l'énergie nous ont apporté depuis, mais l'offensive immédiate, la recherche de l'engagement et l'exploitation menée avec la dernière énergie resteront votre marque de fabrique pour tous.

Napoléon jubile :

– Oh, bigre ! Mais, Monsieur le Chancelier, vous oubliez, il y a eu Waterloo.

– Non, Sire, je n'oublie pas votre défaite, mais personnellement je déplore cette coalition hétéroclite, prussienne, autrichienne, russe et surtout anglaise, avec ce maudit Wellington. Croyez-moi, Sire, j'aurais préféré encore votre victoire sur ces damnés Anglais. Je regrette que mes ancêtres aient pu jadis s'allier avec cette race que je combats.

Rire de l'empereur :

– Ah ! Ah ! Monsieur le Chancelier, je vais vous rassurer. Waterloo, c'est déjà le mal qui me ronge, et non pas les Anglais. J'avais aussi beaucoup vieilli, et surtout perdu nombre de mes fidèles compagnons d'armes. Et puis, vous savez, Monsieur Hitler, ce maudit Wellington, comme vous dites, le bougre avait beaucoup appris de moi, au point qu'à Waterloo il a mis sur pied une tactique qui m'a fortement embarrassé. J'étais malade, peut-être désabusé, la France aussi, sûrement lasse de la guerre, elle ne me suivait plus, et dut, à Waterloo, s'en ressentir dans le moral des troupes issues du peuple.

Puis, laisse échapper, presque inaudible :

Blücher peut-être aussi un peu, le bougre… »

CHAPITRE XII

Les âmes sauvages et cruelles viennent parfois
montrer leurs gentes comédies, fardées de grimaces, la
voix antique et profonde d'ennui, prêtes à tout pour
masquer la vérité : « Que devient l'âme à l'instant de la
mort ? »

Hitler est aux Invalides, telle est la précieuse infor-
mation qu'Odette vient de recueillir par téléphone
d'un très bon ami de Jeannot qui se fait appeler « le
commandant Juan ». Compagnon de Jeannot en
Espagne, cet ancien militaire devenu militant du
Parti communiste dans les **années** trente quitte le
Parti à la signature du pacte germano-soviétique,
écœuré par l'attitude de Maurice Thorez, qui pourtant l'avait entraîné jadis. Reconverti dans l'imprimerie du côté de la gare de l'Est, il est cependant
resté en contact avec beaucoup de camarades qui,
eux non plus, n'ont pas accepté cette collusion du
Parti communiste français avec le fascisme nazi.

« Le commandant Juan » connaît maintenant par
Odette le projet précipité de Jeannot. Pour lui, il

n'est pas question de laisser son camarade seul dans cette tentative improvisée. Des copains sûrs, anciens d'Espagne, restés aussi à l'écart du Parti, sont contactés, en particulier ceux qui habitent le VIIᵉ arrondissement. Près des Invalides.

Fort de leur expérience de la guérilla un petit groupe de ces camarades est vite organisé afin d'aider, le cas échéant, mais surtout, de couvrir l'action de Jeannot, qui sera le seul tireur chargé d'abattre Adolf Hitler, au moment choisi par son seul agresseur. Deux hommes au coin de la rue de Varenne et du boulevard des Invalides, deux autres dans une librairie amie, avenue de Ségur, un petit groupe de quatre postés dans l'entrée d'un immeuble boulevard de La Tour-Maubourg. Quant à Jeannot, accompagné du « commandant Juan », chacun armé d'un Beretta (6.35) et de deux grenades défensives, ils ont réussi à se planquer boulevard des Invalides derrière une porte cochère entrebâillée, sachant que le programme de Hitler est de se rendre ensuite vers le quai d'Orsay et la Chambre des députés. Il faudra donc frapper à cet endroit du boulevard des Invalides, et ensuite, pour fuir, être couverts par les deux hommes du coin de la rue de Varenne, disparaître alors à bord d'une voiture conduite par Odette, garée à cet effet, toujours rue de Varenne, moteur en marche, prête à démarrer aussitôt l'attentat commis.

Ceux de La Tour-Maubourg et de l'avenue de Ségur auront la tâche de déclencher, au moment où

Jeannot agira une fausse attaque à l'arrière de l'escorte étalée du Führer, afin de désorienter celle-ci assaillie par surprise.

Quant à Pierrot, avec son vélo planté en curieux devant les Invalides, il surveillera le moment où Hitler remontera et s'installera dans sa Mercedes, avec l'espoir qu'elle restera vulnérable en décapotable ; puis, aussitôt avant le départ du cortège, Pierrot, à vélo, surgira devant la planque de Jeannot et du « commandant Juan » et, par un signe convenu, les préviendra du passage imminent de Hitler.

Maintenant tout semble en place, chacun des protagonistes attend avec fébrilité et angoisse, peut-être moins Jeannot et le « commandant Juan » qui, après la guerre d'Espagne, maîtrisent mieux ce genre d'opération risquée et difficile, d'autant que cette fois-ci l'enjeu est de taille : il s'agit d'abattre le chancelier du Reich, Adolf Hitler.

Mais ces deux patriotes sont prêts à donner, s'il le faut, leur vie, ils appartiennent à ce genre d'hommes qui se retrouvent toujours au moment sombre de l'histoire de France, unis un instant par le même destin : lutter, et vaincre les ennemis de la patrie.

« Frémissent aux portraits noirs de leur ressemblance,
Pour descendre jusqu'aux enfers.
Nouer le triple fouet, le fouet de la vengeance
Déjà levé sur ces pervers,
Pour cracher sur leurs noms, pour chanter leur
supplice ?

Allons, étouffe tes clameurs ;
Souffre, ô cœur gros de haine, affamé de justice.
Toi, vertu, pleure si je meurs. »

(André Chénier)

Hitler remonte le col de son manteau ; il règne maintenant un froid glacial dans le refuge de l'immortel et de l'éternel ; tandis qu'il parle, une buée s'échappe de sa bouche.

« Sire, demande Hitler, pouvez-vous me confirmer ce que devient l'âme à l'instant de la mort, car Allan Kardec a écrit qu'elle "redevient esprit, c'est-à-dire qu'elle rentre dans le monde des esprits, qu'elle avait quitté momentanément" ?

– Cela est exact, Monsieur le Chancelier. Notre rencontre en est la preuve, et j'ajouterais qu'elle conserve son individualité, elle ne la perd jamais. Quelle serait-elle si elle ne la conservait pas ?

– Mais, Sire, dites-moi, comment l'âme humaine, la vôtre par exemple, constate-t-elle son individualité, puisqu'elle n'a plus son corps matériel ?

– Monsieur le Chancelier, tout simplement regardez-moi. Mon âme a un fluide qui lui est propre, qu'elle puise dans l'atmosphère de sa planète, et qui représente l'apparence de sa dernière incarnation, ce qu'Allan Kardec appelle le "Périsprit".

Hitler est de plus en fasciné par cette rencontre d'avant et d'après la mort.

« Sire, une autre question, si vous le permettez...

100

– Faites, Monsieur.

– L'âme n'emporte-t-elle rien avec elle d'ici-bas ?

– Fichtre rien, Monsieur Hitler, que le souvenir, et le désir d'aller dans un monde meilleur ! Ce souvenir est plein de douceur ou d'amertume, selon l'emploi qu'elle a fait de la vie ; plus elle est pure, plus elle comprend la futilité de ce qu'elle laisse sur la terre. À vous de méditer cela, Monsieur Hitler. Sachez aussi, pour votre gouverne, que la vie éternelle, c'est avant tout et d'abord la vie de l'esprit ; la vie du corps est transitoire, passagère ; quand le corps meurt, l'âme rentre dans la vie éternelle. Pouvez-vous comprendre cela Monsieur le Chancelier ?

– Certainement, Sire. Karl Hompfer m'a convaincu depuis longtemps, et notre rencontre éclair renforce sa précieuse initiation, que je comprends certes mieux aujourd'hui venant de votre bouche.

Autre chose, Sire. Vous qui avez connu la séparation de l'âme et du corps, est-ce douloureux ? »

Napoléon attendait d'Adolf Hitler, cet angoissé viscéral, une telle question. Connaissant le futur suicide du Führer, la réponse est délicate, il n'est en aucun cas question pour l'empereur de dévoiler à son interlocuteur sa fin tragique. Une réponse générale suffit.

« Monsieur le Chancelier, rassurez-vous. Je suis catégorique : non, croyez-moi, le corps souffre souvent plus dans la vie qu'au moment de la mort : l'âme n'y est pour rien. Curieusement, les souffrances que l'on éprouve quelquefois au moment de la mort sont une jouissance pour l'esprit, qui voit arriver le terme de son exil.

Mon expérience des champs de bataille où des courageux et glorieux soldats mouraient au combat heureux, presque en état de suicide libératoire, me confirme en cela ; il y a là une espèce de recherche de la mort pour fuir la vie, car à ce moment l'âme de ces braves est décidée et prête à retourner dans la délicieuse vie éternelle. Ils deviendront pour les vivants des braves et par ailleurs des âmes héroïques. L'âme de ces braves se sépare du corps ; les liens qui la retenaient étant rompus, elle se dégage.

Et c'est ainsi, Monsieur le Chancelier, que j'ai pu connaître bon nombre de grandes âmes à la guerre ; je pourrais vous citer bien des noms de ces valeureux compagnons, simples soldats ou maréchaux.

Il serait difficile aujourd'hui de voir de grandes âmes françaises à la tête de ce pays que vous avez vaincu, Monsieur le Chancelier. Cependant, j'en vois bien une que j'aimerais un jour accueillir ici-bas ; vous le connaissez, le corps se nomme le général de Gaulle.

– De Gaulle ! s'écrie Hitler. Ah non ! J'espère que vous plaisantez, Sire. Il s'agit d'un traître à votre patrie, un déserteur en fuite chez vos ennemis anglais.

Napoléon très agacé :

– Vous jugez mal cet homme, Monsieur Hitler ! À bien des égards, il ressemble à ce que je fus, confronté jadis au Directoire. Autres exemples : sur le plan militaire, si l'état-major et le gouvernement de la France l'avaient suivi, il y a quelques années, vos divisions de panzers déferlant sur la France auraient trouvé devant elles une arme blindée française très performante ; à l'époque, ce colonel de Gaulle avait saisi nos faiblesses matérielles et stratégiques ; de la part de cet homme, pour moi un grand Français, sa fuite en Angleterre ne m'étonne en aucun cas. J'aurais moi-même émigré si cela m'avait permis un jour de revenir dans de bonnes conditions vaincre l'envahisseur étranger. Cet homme a compris le premier l'échec de notre doctrine de guerre. »

Hitler reconnaît bien là le génie de l'empereur, prompt à l'analyse rapide et concrète des hommes et de la guerre ; il est curieux de connaître le point de vue du vainqueur de Wagram sur les armes modernes.

« Sire, que pensez-vous de l'aviation dans cette guerre ? »

Aux yeux de l'homme qui avait envisagé d'utiliser le dirigeable pour envahir l'Angleterre en 1804, l'aviation de 1940 constituait une véritable révolution dans l'art de la guerre.

« J'en pense le plus grand bien, Monsieur le Chancelier, surtout pour vous, hélas ; notre carence en aviation en partie démodée et désorganisée a laissé le ciel de France vide, une DCA absente face à cette nouvelle artillerie et infanterie ailées que vous avez si bien organisés, et qui permet ensuite à vos bombardiers d'écraser n'importe quelle résistance à terre. J'en suis effondré, Monsieur le Chancelier du Reich.

Hélas, l'état-major de la France et son ministre de l'Air n'ont pas cru dans l'aviation comme arme décisive et pensé quelle ne pouvait dominer le terrain. Quelle erreur fatale ! L'on peut maintenant être le maître au sol grâce à l'aviation.

3 382 avions français, et vous dix fois plus, rien que sur ce fait, l'issue de la guerre était pour moi jouée d'avance. Monsieur Hitler, nous sommes en retard d'une guerre, car nous n'avons, depuis 1918 jusqu'à aujourd'hui, songé qu'à la paix par la Société des nations. Méprise !

Pendant mon règne, j'ai voulu sincèrement la paix pour la France, mais mon regard constant sur la carte de l'Europe qui, depuis la Révolution, nous était hostile, m'a toujours fait préparer la guerre dans l'espoir de cette paix.

Compte tenu de l'intérêt que vous semblez accorder au jugement sévère et que je porte à regret sur cette piteuse armée française et à ses raisons, je peux, Monsieur le Chancelier, évoquer en outre la médiocrité de nos divisions motorisées, mécanisées et cuirassées, face par exemple à la supériorité et aux manœuvres exemplaires de vos panzers.

Si les chefs de notre état-major ont retenu beaucoup de mes campagnes sur les stratégies militaires diverses à adopter cas par cas, ils n'ont pas su faire évoluer la France dans l'innovation et la création de matériels nouveaux et modernes. Voyez-vous, Monsieur, à Arcole, je n'aurais sans doute pas donné autant de ma personne et engagé mes fantassins si j'avais eu ce jour-là à disposition une aviation moderne qui aurait rempli notre tâche en épargnant beaucoup de sang. À Waterloo, la rapidité des chars d'assaut aurait remédié à la lenteur de Grouchy et battu Blücher. Que dire de vos troupes parachutées qui donnent la démonstration efficace que d'aller surprendre rapidement l'ennemi par son arrière ou sur ses flans fragilisés sont des manœuvres capitales que j'ai appliquées bien souvent, avec d'autres moyens bien moins rapides et coûteux en hommes.

Quand je pense à l'atroce bataille d'Eylau, indécise jusqu'au dernier moment et qui fut gagnée héroïquement grâce à la charge des 80 escadrons de la cavalerie de Murat, je suis désespéré de constater que la France ne pouvait aligner dans cette guerre-ci contre vos chars que trois divisions légères mécaniques et seulement trois divisions cuirassées, pourtant arme héritière de la cavalerie impériale qui fut si glorieuse.

Ces messieurs de l'état-major auraient dû se rappeler que c'est aux cuirassiers qu'incombent les charges décisives de cavalerie dans les batailles de l'Empire : "la grosse cavalerie", il fallait créer aujourd'hui l'équivalent de cette arme capitale en chars légers ou lourds.

Avec moins de 300 chars, l'armée française ne pouvait que s'incliner devant vos nombreux chars de près de soixante-dix tonnes.

Et que dire de l'artillerie, Monsieur le Chancelier ?

Sous mon impulsion, en 1805 le parc d'artillerie français comptait 21 938 bouches à feu, la meilleure artillerie d'Europe ; et nous sommes aujourd'hui, en 1940, encore équipés de l'artillerie qui a servi en 14-18 en attendant un canon de 105 toujours en construction ; par conséquent, aucune artillerie pour détruire vos chars. Quel désastre !

Hitler sembla compatir :

– Je comprends votre amertume, Sire, cependant, premier consul vainqueur à Marengo, vous n'aviez que 25 000 hommes et surtout que 20 canons, la pire situation face à 40 000 Autrichiens et leurs deux cents canons ; vous avez malgré tout prouvé au monde qu'il est possible de vaincre avec peu de moyens et quasiment sans artillerie...

– Certes, Monsieur le Chancelier, mais à quel prix !

– Oui, je sais, Sire : 6 000 Français morts sur le champ de bataille, et aussi 2 500 Autrichiens tués, 7 000 prisonniers, et la perte de votre ami Desaix, voilà le prix de cette bataille, Sire. »

Les deux hommes vêtus de blanc se sentent soudain très près l'un de l'autre, fortement concer-nés par ces échanges de propos militaires ; d'un côté l'empereur, le plus grand manœuvrier de tous les temps, génie de la guerre politique, et de l'autre, un civil, grand arrangeur de foules, fasciné par une puissance militaire immense qui flatte ses ambitions démesurées de conquête et de pouvoir.

L'empereur interroge son interlocuteur sur la signature à Rethondes de l'armistice, deux jours auparavant.

« Sire, je me félicite de cet armistice qui doit être le symbole d'une paix généreuse ; et puis, Sire, franchement, entre nous, ces Paul Reynaud, Mandel, Lebrun, Darlan, Herriot, Weygand et j'en passe, ils n'avaient pas le choix. »

L'Empereur porte malheureusement la même analyse sur ces hommes qui ont conduit allégrement la France à sa défaite ; seul le vieux maréchal Pétain, comme vainqueur de Verdun, trouve aux yeux de Napoléon des circonstances atténuantes, mais sans plus.

« J'ai pour ma part ainsi en quelque sorte lavé l'affront du traité de Versailles, dit Hitler.

Napoléon, très narquois :

– Ah oui ! Les fameux traités de paix ! Combien en ai-je signés ; Monsieur Hitler, bon nombre, vous savez, tenez, par exemple, la belle paix d'Amiens en 1802, elle n'a jamais rien réglé ; le traité d'Aranjuez, en 1801, pas grandiose non plus ; et aussi celui de Lunéville et le fameux traité de Presbourg en 1805, après la victoire d'Austerlitz où François II renonça à son titre d'empereur du saint empire romain germanique. Ce Reich presque millénaire est ainsi alors condamné à disparaître. Méditez cela, Monsieur Hitler.

Mais, voyez-vous, le plus beau et le plus tragique pour moi, c'est certainement le traité de Tilsit, en 1807, que je signais avec celui qui fut un temps mon ami puis ensuite mon ennemi acharné, le tsar Alexandre Ier.

Sachez-le aussi, Monsieur le Chancelier du IIIe Reich, vu mon expérience et connaissant les Français, je crains que le traité de Rethondes ne soit pas respecté par tous.

Ne vous méprenez pas, Monsieur Hitler, ces fameux traités que nous signons les uns et les autres à travers l'Histoire n'ont en fait qu'une finalité, être déchirés un jour ou l'autre par d'autres que nous.

Je connais vos ambitions européennes, Monsieur le Chancelier du Reich ; moi-même je m'y suis épuisé ; ce que j'ai dit à Sainte-Hélène en 1821 reste vrai : "J'ai été obligé de dompter l'Europe par les armes, aujourd'hui il faut la convaincre".

Hitler est fasciné par celui dont il a déclaré « Il est le plus grand capitaine de tous les temps », en appréciant par ailleurs chez ce militaire de génie son sens de l'inutile et du vain combat ; à cet égard, il se plaît aujourd'hui à rappeler à l'empereur les événements du 11 germinal an V (31 mars 1797).

Après une année de victoires en Italie, en campagne à Judenburg près de Vienne, il était quasi victorieux devant le dernier sursaut d'une armée autrichienne défaite, fort mal manœuvrée après maintes fautes commises par son général en chef l'archiduc le prince Charles. Bonaparte décidait alors qu'avant la fin des hostilités – qui ne peuvent se terminer qu'à son avantage – il offrirait en vainqueur un armistice aux Autrichiens. Peu de fois dans l'Histoire, on put voir le futur chef victorieux d'une bataille décisive proposer la suspension des hostilités afin d'éviter le carnage de vies ennemies en préservant leur honneur. Ce geste avait peut-être politiquement facilité la signature, sept mois plus tard, avec l'empereur François II du traité de Campo-Formio, traité d'ailleurs fort mal accueilli par le Directoire qui n'avait pas été consulté et décida furieux de rappeler l'illustre vainqueur.

Napoléon souhaite connaître la position du Führer vis-à-vis des Anglais :

« Dites-moi, Monsieur le Chancelier, quelle est exactement votre disposition concernant les Anglais ? Certains vous attribuent un certain intérêt pour ce peuple.

– Oh, Sire, je vous en prie, ne prêtez pas trop l'oreille à ce qui touche à l'Angleterre ; je me situe simplement dans l'intérêt culturel qui peut exister entre cousins, sentiments que certes les Anglo-Saxons peuvent ressentir réciproquement ; mais, mes origines autrichiennes me donnant du recul, je me sens peu concerné par cette sensibilité que je traite avec distance et prudence. Et il en faut, croyez-moi, Sire, pour ne pas tomber dans les flatteries ou machinations grossières de Messieurs Churchill et

Chamberlain. Néanmoins, l'invasion de l'Angleterre me séduirait... Le national-socialisme y ferait bonne figure. Sire, pour rester sur ce sujet, je dois vous avouer que votre plan d'invasion de la Grande-Bretagne en 1805 m'a toujours plu ; je regrette vivement l'échec de votre marine à Trafalgar, qui a empêché votre projet de réussir.

– Diable ! Il est certain qu'avec mes 120 000 hommes et mes 9 000 chevaux, il m'aurait fallu à peine six heures grâce aux 2 400 bâtiments de la flottille du nord pour traverser la Manche et envahir la Grande-Bretagne.

Mais le destin ne m'a pas souri dans cette affaire ; moi-même j'ai mésestimé la Royal Navy ; en outre, en nommant le vice-amiral de Villeneuve pour cette vaste manœuvre de rassemblement d'une grande escadre française destinée au passage de la Manche, j'ai peut-être commis une erreur et surestimé les capacités d'une flotte française très inférieure à ses prétentions.

Et puis, la défaite de Trafalgar est surtout due à ce gredin de Nelson ; quelle volonté chez ce manchot borgne, quel goût du panache ! Penchant qui d'ailleurs le perdra à bord du *Victory* où, en grand uniforme surgalonné et bardé outrageusement de décorations, ce courageux marin a été abattu sans difficulté par un de nos tireurs d'élite français embarqué à bord du *Redouté*. Sa mort au combat ne nous empêchera pas de subir une sévère défaite.

Depuis Trafalgar, j'ai passé mon temps à chercher l'homme de marine pour la France. Monsieur le Chancelier, la maîtrise des mers est capitale et trouver de bons amiraux à cet égard n'est pas chose facile. Écoutez, le 14 juin 1805, j'écrivais à Decrès, ministre de la Marine : "Il faut que je choisisse désormais mes amiraux parmi les jeunes officiers de trente-deux ans, et j'ai assez de capitaines de frégate qui ont dix ans de bonne navigation pour en choisir six auxquels je confierai des commandements." Eh bien, Monsieur le Chancelier, ne me croyez pas si vous le voulez, je n'en ai pas trouvé pendant mon règne. »

Hitler évoque le fait que la Révolution française et l'Empire avaient préparé l'unité allemande. Quel est l'avis de l'empereur sur cette analyse ?

« Judicieux, Monsieur le Chancelier, mais sachez d'abord qu'on a trop regardé la Révolution comme le mal suprême ou *a contrario* comme la renaissance complète de la société, qui allait changer le monde et les hommes, d'autres, avec haine, la considérant comme l'enfer suprême.

Or, en 1789, la séparation entre l'ordre ancien et le nouveau ne fut point aussi tranchée qu'on a bien voulu le dire. Croire qu'entre l'Ancien régime et celui des révolutionnaires il y a eu rupture totale est une erreur.

Il y a toujours, dans l'Histoire, malgré les formes de gouvernement, qu'on le veuille ou non, une certaine continuité. Je vous dis cela, Monsieur Hitler, pour vous faire comprendre que malgré la Révolution, les rapports jusque fin 1792 avec l'Autriche étaient ceux d'alliés ; étrange, n'est-ce pas ?

Il a fallu de la part des girondins maints efforts et arguments politiques aberrants pour renverser cette alliance, une des conséquences de l'époque fut que l'Allemagne libre tomba par suite du fourvoiement de la Révolution sous la suprématie de la Prusse. Pauvre Allemagne.

Et voilà ! Nous sommes, là, devant l'un des premiers contrecoups de la Révolution française sur l'Allemagne.

La suite, ce fut l'ombre de la guerre, rupture de l'alliance de 1756 avec la maison d'Autriche incompatible avec la nouvelle constitution révolutionnaire ; puis vint l'alliance entre le roi de Prusse et les Habsbourg, et puis, pendant ce temps, contre la patrie révolutionnaire, la cour de France en exil, en bonne relation avec celle de Vienne ; vous y ajoutez les erreurs et la trahison de Marie-Antoinette, l'Autrichienne, ma parente par ailleurs, et vous avez, Monsieur le Chancelier, tous les ingrédients de la guerre et du déchirement européen autour d'une Allemagne meurtrie et tiraillée qui se cherche en vain.

Voyez-vous, je crois sincèrement que les idées révolutionnaires et les miennes ont fait avancer et s'éveiller l'idée du nationalisme en Allemagne.

Un de nos célèbres historiens, Jacques Bainville, a justement écrit, dans un livre qui vient d'être republié, que l'Allemagne "par ses annexions brutales et sans mesure, par les vexations de la guerre et de la conquête [...] fit oublier le règne pacifique de l'influence et de la civilisation française, engendra des besoins de vengeance. Elle accomplit, en résumé, tout ce qu'il fallait éviter avec le plus de soin pour ne pas unir les Allemands contre nous, ne pas ressusciter pour la France le péril d'une grande Germanie." Il écrit aussi "que toute la politique de la monarchie avait tendu à diviser l'Allemagne et à la maintenir dans une dispersion anarchique". "De la mosaïque, la révolution et mon règne rassemblèrent les morceaux."

Entre outre, de mon point de vue, la révolution de 1803, en Allemagne, fut presque aussi radicale que la Révolution française. Sans aucun doute, le principe des nationalités est l'expression même de la philosophie révolutionnaire.

Monsieur Hitler, comme vous le savez, hélas, je n'approuve en aucun cas votre stupide politique antisémite et votre régime nazi voué, je le sais, à un destin tragique qui vous emportera ainsi que votre peuple. Il est vrai que l'histoire de cette triste Allemagne privée longtemps d'unité vous donne raison sur un seul point, Monsieur le Chancelier, l'Allemagne avait besoin de perspective, car on ne conduit un peuple qu'en lui montrant un avenir ; un chef est un marchand d'espérance. Mais pourquoi avez-vous voulu que cette espérance, devenue chez vous démente, soit entachée de crimes et de lâcheté ?

L'unité d'un peuple est capitale même si la guerre est inévitable ; souvent juste et vitale, elle doit en être malheureusement le lien douloureux à un moment de son histoire, mais ne peut reposer sur la monstruosité gratuite. "En guerre comme en politique, tout mal, fût-il dans les règles, n'est excusable qu'autant qu'est absolument nécessaire tout ce qui est au-delà crime." J'ai moi-même, pour sauver la République française de ses ennemis, trop souffert d'accusations horribles, pourtant fausses à mes yeux. N'étais-je pas, pour l'Europe entière, "l'Ogre Napoléon", alors que je voulais offrir et porter au monde les grandes idées de la liberté des peuples et des droits de l'homme et du citoyen ? »

Les propos de Napoléon à son encontre glacent le Führer, une immense rage intérieure l'envahit, elle éclate :

« Comment osez-vous, Sire, vous, me jeter à la tête ces accusations infâmes, vous qui avez, par exemple, à Eylau, laissé 14 000 blessés français mourir faute de soins, enterrés vivants dans la boue, pilés sous les pieds des chevaux. N'est-ce pas là un bel exemple d'humanité ?

Pour ce qui concerne les juifs et mon antisémitisme, comme vous dites, reportez-vous à ce que j'écris dans *Mein Kampf* à leur sujet, en particulier à la lecture des "Protocoles des Sages de Sion" ; vous y trouverez les raisons de ma défiance envers les juifs et leur néfaste présence dans le Reich allemand.

L'empereur est ahuri par cette violente charge mais ravi d'avoir touché l'un des points sensibles de Hitler : les juifs.

– Du calme, Monsieur le Chancelier, reprenez-vous. Je connais, bien sûr, votre *Mein Kampf* et ces fameux "Protocoles des Sages de Sion" cités ; vous ne pouvez ignorer pourtant qu'il s'agit ni plus ni moins d'une grossière fausse pièce à conviction fabriquée contre les juifs par des fonctionnaires d'un des États les plus antisémites de la planète et prêt à leur nuire : la Russie tsariste. J'avais moi-même déjà évalué jadis cet antisémitisme viscéral qui régnait dans l'entourage du tsar Alexandre Ier.

Ce qui me chagrine, Monsieur Hitler, c'est que vous ayez introduit dans votre politique de telles sottises et mensonges ; ils ne peuvent que vous nuire.

En voulant anéantir ou faire fuir les juifs allemands, vous privez votre nation de savants, d'écrivains, de peintres, de musiciens, et surtout de banquiers qui, puissants, réfugiés au-delà des mers, n'auront de cesse qu'ils ne vous aient nui.

Monsieur Hitler, "je crois fermement qu'un pouvoir, en appelant à soi toutes les intelligences, travaille dans son propre intérêt", de même que "les conquérants doivent êtres tolérants et protéger toutes les religions". »

CHAPITRE XIII

Les glaçantes horreurs, liberté chérie, nous ont préparés à trépasser de ta main, crime adoré, bon sens insulté, nous venons, Français, vers toi oublier le passé et mourir à nouveau au petit matin de Paris.

Face aux Invalides, place Vauban, à distance, Pierrot, pieds à terre, vélo en main, surveille le départ prochain de l'homme à abattre ; il se trouve juste derrière un énorme gardien de la paix vêtu encore à cette saison de sa grosse pèlerine d'hiver.

Le gardien, sentant une présence, se retourna vers Pierrot :

« Eh bien, mon petit gars, le spectacle t'intéresse tellement ? demande le plantureux fonctionnaire de police, un brin inquiet de cet être juvénile dans son dos.

Pierrot joue le benêt avec sang froid :

– Ben oui, Monsieur l'agent, c'est pas tous les jours qu'on a pareille visite à Paname. C'est Monsieur l'Hitler, paraît-il ?

L'agent acquiesce avec un petit sourire de flic moustachu à l'air satisfait et rassuré de la réponse de Pierrot. Ce jeune-là n'a point l'air dangereux, pense-t-il. Et même, il applaudit la visite du vainqueur :

– Tu vois, mon gars, ça c'est des vrais militaires ; ces gens-là, regarde-les bien, c'est pas comme les nôtres qui ont fui comme des femelles. Ah, les lâches ! Des traîtres communistes, des juifs ! Heureusement que nous, dans la police, on va tenir notre place de vrais Français que nous sommes, et les Allemands, avec nous, ils seront épatés, tu verras mon petit gars, ça va changer ! De l'ordre, de l'ordre, de l'ordre, bon Dieu ! »

Le gros policier, tout excité d'orgueil, est pris d'une énorme toux grasse et frise maintenant l'apoplexie. Pierrot, avec son vélo, en profite pour s'écarter de lui, d'autant qu'un superbe « Oberleutnant » vient, en très bon français, donner des ordres à notre gardien de la paix qui les reçoit dans un garde-à-vous exemplaire.

De leur côté, Jeannot et le commandant Juan attendent le moment fatal, inscrit maintenant à jamais dans leur destin de patriote.

« L'on bâtit sa vie sur la mort des autres », a écrit Léonard de Vinci. Un de ces instants est arrivé pour ces deux hommes ; la mort souhaitée du tyran ouvrira alors pour eux une vie d'espérance et d'orgueil pour avoir évité à leurs enfants cette honte qui vient de saisir de sa mortelle blessure leur futur d'hommes libres.

Il faut agir, notre Jeannot ! Le tyran avec son souffle de feu est là, maintenant, dans nos villes et nos campagnes, nos soldats fuient, s'évanouissent dans l'indignité ; soldats épars sur notre sol qu'ils jonchent des débris de la défaite, nos yeux de Français fondus par des larmes de sang. On fuit, on s'échappe.

Jeannot, toi seul citoyen maintenant, fais renaître par ton bras armé une moisson de soldats perdus qui ne peuvent plus venger la patrie. Jeannot, avec tes yeux vifs, sombres et profonds de manouche, tu guettes l'instant assassin où tu vas chaparder au nom de la patrie la vie de l'ennemi suprême et ainsi relever le front trop longtemps abattu d'un peuple Français livré à sa lâche torture. À toi, Jeannot le manouche, il va vendre sa mort pour que nous vivions, donne-lui en échange de notre part l'enfer et notre sanglante rage.

Le commandant Juan a prévu, au passage du cortège à leur niveau, de lancer des grenades autour de la voiture de Hitler afin de créer la confusion dans l'escorte ; au même moment, Jeannot devra se précipiter sur la Mercedes, sauter sur le marchepied et vider son arme sur le Führer en visant la poitrine.

Les deux hommes savent que le guet-apens est certes risqué, mais il ont déjà avec succès accompli en Espagne un attentat de ce genre contre un dignitaire franquiste, pourtant lui aussi très protégé.

Le plus délicat sera sans aucun doute la fuite sous la fusillade nourrie des Allemands ; il est donc capital que les équipes du boulevard de La Tour-Maubourg et de l'avenue de Ségur provoquent au moment décisif la contre-offensive arrière, au moment où le commandant Juan lancera ses grenades. De concert, les deux camarades de la rue de Varenne couvriront le repli du commandant Juan et de Jeannot afin que tous prennent place dans la voiture de fuite avec au volant notre courageuse Odette.

Charles Henry de L'Alligant, dit le commandant Juan, est le pseudonyme donné par les républicains espagnols à cet homme ayant pour origine la vieille noblesse tourangelle aux idées républicaines, descendant de celle qui a joué un rôle important et brillant auprès du général Bonaparte et de l'empereur Napoléon Ier, en particulier grâce à son aïeul, le général Sébastien L'Alligant. Ex-communiste militant du Parti, il a gardé cependant le goût de la lutte contre toute forme de fascisme et de totalitarisme. C'est au cours de la guerre d'Espagne dans les brigades internationales qu'il a rencontré un autre Tourangeau, Jeannot, jeune homme éperdu d'aventure et de justice ayant fui la vie dure et misérable des manouches des bords de Loire, nomades plus ou moins sédentarisés, réduits depuis toujours à servir aux champs ou dans les vignes de main-d'œuvre saisonnière. Ces deux hommes ressentent l'un pour l'autre cette amitié si particulière et si forte qu'éprouvent seuls entre eux les êtres en marge de la bonne société et surtout de cette époque terrible, l'un le manouche et ses tares millénaires, condamné d'emblée par la Collaboration et le nazisme, l'autre ex-communiste, trop français, trop patriote, trop républicain, trop libre, bref incompris et incontrôlable pour ses congénères, adorateurs pour l'heure du maréchal Pétain.

Ces deux hommes de la France viennent d'entrer inexorablement dans l'instant tragique où il faut venger la raison par des crimes.

CHAPITRE XIV

*France ! ô belle contrée, ô terre généreuse, oublie un
peu ton passé de pardon, et sois pour demain encore le
refuge de ceux qui t'ont menti, trahie et bafouée, ils
reviennent encore une fois te violer, reste la bouche
muette, Dieu le veut puisqu'il t'abandonne.*

L'empereur, avec un léger soupir empreint d'une
sorte de lassitude, vient de refermer l'important
portefeuille maroquin de cuir noir, sur lequel est
inscrit en lettres argentées : « Dossier Adolf Hitler :
20 avril 1889 - 30 avril 1945 ».

Puis, s'adressant à son visiteur :

« Eh bien, Monsieur le Chancelier, c'est avec
gravité que vous me voyez refermer votre présent et
votre futur. À les connaître, malgré le tragique, je ne
me sens pas, à vrai dire, le droit de vous juger ou de
vous reprocher votre brutalité envers l'humanité ;
j'ai moi-même à cet égard à porter ici-bas un lourd
fardeau. "Hélas, il faut rester ferme, avoir le cœur
dur et sec, sinon il ne faut pas se mêler ni de guerre

ni de gouvernement", ai-je souvent répété à mon entourage inquiet et apeuré.

J'ai voulu pour la France le sceptre du monde, et pour le lui assurer il me fallait un pouvoir sans contradiction ; eh bien, vous avez aujourd'hui je crois, cette ambition pour l'Allemagne. Hélas pour le monde, à bien vous connaître maintenant, Monsieur le Chancelier.

Mais pour ce qui me revient de ma part de sang et de mort, je me réconforte malgré tout en me répétant que "ma vraie gloire, ce n'est pas d'avoir gagné quarante batailles ; Waterloo effacera le souvenir de tant de victoires. Ce que rien n'effacera, ce qui vivra éternellement, c'est mon Code civil".

Monsieur le Chancelier du Reich, si victorieux que vous soyez, après votre mort, vous ne laisserez au monde que l'horreur et la monstruosité de votre passage sur terre, cris et larmes d'innocents, haine envers l'Allemagne que vous aurez rendue criminelle ; comme je vous plains ! »

Hitler, curieusement, ne semble pas troublé par ces fortes paroles mais plutôt par la soudaine baisse d'énergie de l'empereur ; une certaine lassitude est perceptible sur son visage ; les esprits éprouvent-ils donc de la fatigue et un besoin de repos ? La question vaut d'être posée.

« Sire, je pense qu'il est nécessaire de mettre un terme à notre entretien, je vous sens épuisé. Voulez-vous que je me retire et reprenne mon chemin d'être de chair et de sang ?

– Monsieur Hitler, je vous sais gré de votre bien-veillance, mais sachez pour votre gouverne que les esprits ne ressentent pas de fatigue telle que vous l'entendez ; nous n'avons pas besoin de repos corporel, ne possédant plus d'organes vivants qui doivent être réparés à tout prix par le repos ; l'esprit lui, doit se reposer, car il a une activité constante, non pas matérielle, mais intellectuelle et son repos est moral ; c'est-à-dire qu'il y a des moments où la pensée cesse d'être aussi active et ne se porte pas sur un objet ou une idée déterminée. C'est un véritable repos, sans aucune comparaison avec celui du corps.

L'espèce de fatigue que peuvent éprouver certains esprits est due à leur infériorité ; plus il sont élevés, moins le repos leur est nécessaire.

Vous comprenez maintenant, ne vous méprenez pas, et ne vous inquiétez pas de mon apparence ici-bas, Monsieur le Chancelier. Lorsqu'un esprit semble souffrir, c'est que les angoisses morales le torturent plus douloureusement que les souffrances physiques, et notre conversation, fort intéressante par ailleurs, est pas moins douloureuse pour mon esprit.

Hitler souhaite cependant profiter au maximum de cette rencontre exceptionnelle, une question lui brûle les lèvres :

« Sire, dans ce monde de l'âme et des esprits, permettez-moi encore de vous demander des expli-cations à quelques énigmes d'après la mort qui me tracassent.

– Faites, Monsieur.

– Par exemple, Sire, comment vous, ou plutôt votre esprit devrais-je dire, avez considéré votre corps que vous veniez de quitter ?

Sourire de Napoléon :

– Eh bien, Monsieur, je vais sûrement vous étonner, car mon esprit l'a quitté comme un mauvais habit qui le gênait et dont il était heureux de se débarrasser ; étrange, n'est-ce pas ? J'ajouterais même, pour satisfaire votre curiosité que, pour un esprit, la vue de son corps en décomposition le laisse presque toujours indifférent, comme une chose à laquelle il ne tient plus.

Monsieur le Chancelier, aujourd'hui vous me voyez avec ce corps qui m'est devenu en effet indifférent, n'en déplaise aux nombreux peintres qui croient me glorifier dans cet habit de chair.

– Sire, dans votre testament de Sainte-Hélène, il est dit, je vous cite : "Je meurs dans la religion apostolique et romaine, dans le sein de laquelle je suis né, il y a plus de cinquante ans". Aujourd'hui, Sire, ce 23 juin 1940 ici-bas : qu'est-ce que Dieu pour vous, Sire, le baptisé, le chrétien ?

Le visage de l'empereur s'illumine à cette question :

– Dieu est l'intelligence suprême, cause première de toutes choses. Par ailleurs, certains diront même que Dieu est l'infini, c'est une définition de la langue humaine incomplète car les hommes ne peuvent définir ce qui se situe au-dessus de leur entendement.

Réfléchissez, Monsieur le Chancelier, vous, l'enfant baptisé de Braunau-sur-Inn, mais qui ne croyez pas en Dieu, qui vous dites athée, je suis certain néanmoins que vous recherchez la preuve de son existence. Eh bien, dans le postulat et les théories que vous appliquez à vos sciences : il n'y a pas d'effet sans cause.

Alors, cherchez la cause de tout ce qui n'est pas l'œuvre de l'homme, et votre raison répondra à votre question sur l'existence ou la non-existence de Dieu.

– Dans votre testament, Sire, vous souhaitez que vos cendres "reposent sur les bords de la Seine, au milieu de ce peuple français que vous avez tant aimé". Votre vœu a été exaucé, vous satisfait-il en tant qu'esprit ?

– Certainement ! Je suis redevable aux Français d'avoir déposé mon corps à cet endroit magique. Cependant, je n'ai qu'un regret, c'est celui de l'éloignement du corps de mon fils qui repose dans la crypte de l'église des Capucins dans votre ville de Vienne ; son esprit et son corps auraient pu rester à jamais auprès de moi. Je dirais même qu'ils l'auraient dû. »

Hitler se remémore une conversation à Berlin, jadis, avec Otto Abetz et Ribbentrop à propos du fils de Napoléon, conversation où avait été évoquée la possibilité de rendre à la France sa dépouille ; idée émise afin de provoquer chez les Français un antagonisme franco-anglais ; le projet avait, semble-t-il, troublé le Führer depuis longtemps, en souvenir de

ce qu'avait écrit Victor Hugo dans une ode célèbre :
« L'Angleterre prit l'Aigle et l'Autriche l'Aiglon. »

À Paris, ce 23 juin 1940, face à l'empereur, Hitler
devenu à son tour le triomphateur, le maître du jeu,
le moment est venu pour lui grâce à son pouvoir, de
répondre au vœu d'un père.

« Sire, je donnerai ce jour des ordres pour que dans
les plus brefs délais le corps de votre fils le duc de
Reichstadt soit inhumé ici-même auprès de vous. »

À ces paroles, l'empereur, s'agrippant de toutes
ses forces à son bureau, se lève brusquement, son
corps possédé par ce tremblement inquiétant qui
jadis annonçait chez lui subitement d'étranges et
puissants malaises. Mais, faisant suite à la pâleur de
cette enveloppe d'empereur déchu, jaillit une
soudaine et brutale chaleur sur son visage rouge,
ravagé comme par une poix brûlante envahissant ses
yeux et ses veines revenus presque à la vie.

Hitler vient de réveiller un flambeau qui, mourant
et sec, déchaîne en un instant un vaste torrent de
larmes impériales.

L'empereur qui a connu la mort et la ruine de
l'amour, à cette nouvelle, voudrait, à ceux qui l'ont
éloigné de son fils, cracher sur leur nom, chanter leurs
supplices ; il a tellement souffert, le cœur gros de
haine, affamé de justice, prêt à descendre jusqu'aux
enfers pour retrouver l'enfant perdu tant adoré !

Et voilà que le démon diffamant nos lois, la bête
venimeuse, le roi du sang souillé, dérobé au juste et
à la liberté, le prince de la fange, celui que la France

voudrait détruire de ses pieuses morsures, celui-là offre à l'enfant et au père de les réunir sous le dôme d'or, sous le marbre glacé, au fond des ténèbres, où reposent à jamais des esprits éternels et des âmes jadis implorées, maintenant abandonnées à nos mémoires oublieuses.

L'empereur aimerait refuser, le père ne le peut. Pour les mortels qui rougiront de cette union, aux Français massacrés, aux patriotes torturés, aux femmes violées, à tous ceux-là, comme un père qui fut brisé, il demande déjà pardon du fond de son noble repaire de marbre.

L'empereur, ému, certes reconnaissant pour cette heureuse nouvelle, ne peut et ne veut en aucun cas apparaître plus longtemps fragilisé et redevable à un Hitler sûr de l'avoir atteint au cœur. Pour Napoléon, la conversation doit donc vite reprendre sur un autre terrain. Et Hitler reçoit simplement en retour :

« Je vous sais gré, Monsieur le Chancelier, de ce geste envers la France. »

Puis l'empereur reprend sa virulente critique sur l'ignorance de notre haut commandement envers la puissance de l'armée allemande.

« Pensez, Monsieur le Chancelier, que pour résister à vos forces nous n'avions même pas le potentiel moral dans nos troupes, une qualité plus que médiocre de nos unités, de nos engins, et une exécrable doctrine de guerre ! Dire qu'entre les deux guerres, on a fait croire au peuple le contraire ! Quel drame, quelle trahison !

– Comme vous avez raison, Sire. Tenez, lors de la fameuse revue du 14 juillet 1939, j'ai été moi-même bluffé par cette démonstration de force de l'armée française, j'ai douté un instant de l'issue d'un affrontement de nos forces avec celles que nous avons vu défiler ce jour-là.

Et que dire de la déclaration du général Weygand à Lille, que j'ai retenue mot pour mot : "Je crois que l'armée française a une valeur plus grande qu'à aucun moment de son histoire, elle possède un matériel de première qualité, des fortifications de premier ordre, un moral excellent et un haut commandement remarquable. Personne chez nous ne désire la guerre, mais j'affirme que, si on nous oblige à gagner une nouvelle victoire, nous la gagnerons."

Vous comprenez, Sire, qu'après pareil discours, j'ai eu peine à croire mon état-major et surtout mes services secrets m'expliquant que tout cela n'était pas sérieux et crédible, que la guerre éclair et moderne envisagée par nous mettrait à bas rapidement ces prétentions françaises...

Sire, lorsque nous avons, le 15 mai au soir, au Châtelet, encerclé le général Giraud avec tout son état-major, j'ai compris ce jour-là que nous allions gagner cette guerre, l'armée française se trouvant aller à son échec total. Je découvrais non pas l'armée que nous avions redoutée mais une armée de "vieux chauvins" face à une armée de "jeunes et ardents Allemands". »

Le moment est venu où les esprits de Napoléon et de Hitler doivent se séparer.

Une dernière question à l'empereur taraude le Führer :

« Sire, vous me dites pervers ; si je le suis et refuse de reconnaître mes fautes pendant ma vie terrestre, serai-je obligé de les reconnaître après ma mort ?

– Monsieur le Chancelier, vous êtes en effet un grand pervers. Eh bien, oui, comme tel vous reconnaîtrez vos fautes après votre mort déjà annoncée ; c'est la loi du genre ici-bas, en tant que tel vous souffrirez davantage, car vous ressentirez tout le mal que vous avez fait volontairement. Cependant le repentir n'est pas toujours immédiat ; il y a des esprits comme vous qui s'obstinent dans la mauvaise voie malgré leurs souffrances, mais tôt ou tard, ils reconnaîtront la fausse route dans laquelle ils se sont engagés, et le dur repentir viendra. C'est à les éclairer que travaillent les bons esprits, mais, dans votre cas, vos crimes sont et seront tellement horribles que votre douleur dans l'au-delà, sera proportionnelle à la leur.

– Mais aurai-je la possibilité d'abréger mes souffrances ?

– Monsieur le Chancelier, certes vous en aurez bien sûr le désir, mais vous n'aurez pas assez d'énergie pour vouloir accomplir ce qui pourrait les soulager. Combien de gens sur la terre préfèrent mourir de misère plutôt que de travailler ? De plus, je crois que votre esprit est condamné à souffrir éternellement, car il sera éternellement mauvais, c'est-à-dire qu'il ne voudra jamais se repentir ni s'améliorer, je le crains. »

Le Rittmeister Karl Hompfer comprend qu'il doit mettre fin à cette rencontre. S'approchant du Führer, il prononce discrètement à son oreille d'étranges paroles, inaudibles pour son entourage. La rencontre des deux esprits est terminée. Hitler reste encore quelques secondes immobile face au tombeau, fixe sur sa tête sa casquette, se retourne vers sa suite en interpellant le lieutenant-colonel Speidel :

« Speidel, allons-y ! »

Puis, avec sa petite troupe, Hitler rejoint les Mercedes, tous moteurs en route, prêtes à partir. Le cortège nazi va ainsi pouvoir reprendre sa visite de Paris.

Le soleil ne parvient qu'incomplètement à percer la chape de brume et de silence enveloppant la grande ville pareille à un corps inerte, chloroformé.

Les cinq Mercedes décapotées vont maintenant pouvoir quitter la place Vauban et prendre la direction du boulevard des Invalides.

Pierrot, voyant sortir Hitler de la chapelle des Invalides, comme prévu, s'est mis en route pour devancer les voitures et ainsi faire signe à Jeannot et au commandant Juan de l'arrivée imminente de l'homme à abattre.

Les esprits ne peuvent connaître l'époque ni le corps dans lequel ils vont se réincarner ; ils pressentent, comme un aveugle sent le feu dont il s'approche. Ils savent qu'ils doivent reprendre un corps comme nous savons que nous devons mourir un jour, mais sans connaître la date. La réincarnation est une nécessité absolue de la vie spirite, comme la mort est une nécessité de la vie corporelle. Sébastien L'Alligant, l'aïeul du commandant Juan, avait été pour Napoléon un fidèle compagnon des premiers jours. Les nombreuses campagnes qu'il avait menées avec le général Bonaparte, puis, ensuite, avec l'empereur avaient scellé entre les deux hommes un grand respect et une amitié qui devait durer jusqu'à la fin de leur vie.

Avant son triste départ pour Sainte-Hélène, l'empereur n'avait pu s'empêcher, en passant par la ville de Tours, de demander à rencontrer une dernière fois son ami Sébastien L'Alligant, retiré dans son château familial de La Ceuille Cadot.

Ce jour-là, se précipitant dans ses bras, l'empereur, inquiet pour l'avenir de son fils le roi de Rome, avait fait prêter serment à Sébastien L'Alligant de veiller au sort de son enfant chéri et peut-être un jour, si possible, de les réunir.

Malheureusement, Sébastien L'Alligant, désespéré, anéanti par le destin malheureux de son empereur, avait mis fin à ses jours, le 6 août 1815 ; son esprit avait quitté ce jour-là son enveloppe terrestre pour se réfugier dans l'au-delà.

Ainsi, avec grande joie, son esprit avait-il retrouvé le 5 mai 1821 celui de son ami l'empereur Napoléon Ier.

L'amitié née en Espagne entre Jeannot et le commandant Juan s'était avérée mystérieuse mais néanmoins très solide. En effet, les deux hommes étaient issus de deux milieux extrêmement différents, l'un héritier de cette noblesse provinciale devenant illustre avec l'Empire, l'autre d'une tribu de gitans voleurs de poules.

Leurs idées politiques, leur nature qui les poussaient à résister et à combattre le fascisme ensemble, certes, pouvaient les rassembler, mais cette amitié avait trouvé son point fort lorsque le commandant Juan avait un jour, en Espagne, raconté à Jeannot l'histoire de sa famille tourangelle et l'attachement de celle-ci depuis toujours aux idéaux de la République et des droits de l'homme et du citoyen.

Ce jour-là, Jeannot avait ressenti une étrange impression. Le commandant Juan lui avait parlé longuement de Sébastien L'Alligant, de son compagnon le général Gratien Blanchot qui avait été son ami et son aide de camp et reposait aujourd'hui dans le caveau du château familial.

Et puis, il y avait eu aussi Isabelle L'Alligant, l'épouse de Sébastien. Sans oublier Charlotte de La Roche, dite « la belle Manon » ; bien d'autres encore qui avaient connu son célèbre aïeul. Cette forte immersion dans cette époque de la famille L'Alligant avait bouleversé et ému Jeannot, sans qu'il en eût bien compris le sens.

Pourtant, l'émotion que Jeannot avait éprouvée n'était en partie que la découverte inconsciente de son propre passé dans une vie antérieure : l'esprit de Sébastien L'Alligant avait choisi son corps pour se réincarner.

Mais cet esprit était celui d'un suicidé, un pauvre esprit, qui n'avait pas eu le courage de supporter les misères de son existence finissante ; malheur à ces esprits qui de cet acte de désespoir dans le monde des esprits subiront les conséquences. Oh, ceux-là, malheur à eux ! Car, de leur suicide, ils répondront dans l'au-delà comme d'un meurtre.

Sébastien L'Alligant, noyé de chagrin et de désespoir, s'était-il ôté la vie dans l'espoir d'arriver plus tôt à une autre vie, où il pourrait revivre encore plus intensément ses gloires et ses passions de jadis ?

Folie ! Le suicide est une faute pour un esprit, il n'ouvre jamais le sanctuaire des élus.

L'esprit de Sébastien subira donc une expiation proportionnée à la gravité de sa faute, avoir abandonné par son geste dans un immense chagrin son épouse Isabelle et privé ses enfants d'un père si aimé.

On est toujours coupable de ne pas attendre le terme fixé par Dieu.

Pour toutes ces raisons, après l'expiation et le repentir dans l'état spirituel, l'esprit de Sébastien pouvait enfin se réincarner dans l'enfant Jeannot qui naîtrait un jour près du grand fleuve sauvage.

Tous réunis autour du feu de bois, famille et amis l'admireraient endormi dans son berceau d'osier, la musique et les chants tziganes berçant son sommeil. Jeannot le manouche, le gitan, sera le bel être courant presque nu sur les longues grèves de sable argenté que la Loire découvre l'été et propose à son bonheur d'enfant sauvage.

Il est l'esprit indompté de Sébastien, plus tard, fuyant la misère de son peuple libre, il croisera à Paris, celle, enchaînée, des prolétaires. La prison, les camarades, le Parti, l'Espagne et la rencontre avec le commandant Juan. Puis pour Jeannot un jour, ce fut Odette et l'amour.

Pierrot vient à toute allure, passe tout en faisant un discret signe de la main aux deux camarades en embuscade.

À présent tout aurait pu se dérouler comme prévu : le cortège approche lentement. On peut, dans la Mercedes décapotable apercevoir très nettement Hitler en conversation avec Speer ; Jeannot, prêt à bondir sur la bête, tient fermement son pistolet, le doigt sur la détente ; le commandant Juan, sûr de lui, se prépare à dégoupiller sa grenade. Mais c'est sans compter avec l'étrange communication des esprits entre eux : l'esprit n'est pas renfermé dans le corps comme dans une boîte, il rayonne alentour, il peut, bien sûr, communiquer avec d'autres esprits.

Deux esprits, celui de L'empereur et celui de Sébastien tapi dans le corps de Jeannot, viennent réciproquement de se communiquer leurs pensées ; ils se voient et se comprennent sans avoir besoin des signes extérieurs du langage, ils parlent le langage des esprits.

Jeannot est soudain pris de vertige et de nausée, son visage, d'une blancheur extrême, se déforme monstrueusement comme sous le coup d'une douleur violente ; en état de catalepsie, il fixe le commandant Juan et le menace en dirigeant subitement son arme vers son complice qui, ébahi et estomaqué, en demeure tétanisé, paralysé. Sur les pavés du boulevard, la Mercedes du Führer passe devant la porte cochère derrière laquelle se vit un drame inattendu.

L'esprit de l'empereur vient de supplier celui de Sébastien, à travers le corps de Jeannot, d'épargner Adolf Hitler qui vient de lui promettre le retour de son fils ; le tuer serait condamner cet espoir.

À l'exilé en partance pour Sainte-Hélène, Sébastien L'Alligant avait juré de tout faire pour réunir un jour le père et le fils. Ce 23 juin 1940, Jeannot et sa beauté de chair y contribueront, dans un pacte entre les esprits, les anges et les démons.

Le commandant Juan, inondé de larmes, sans un mot, se jette dans les bras de Jeannot et embrasse longuement ce visage redevenu beau et humain. L'intervention des esprits dans le monde corporel a, par une force occulte, ce matin-là, fondu deux âmes entre elles, et réuni deux chairs de vie et de sang qui viennent de se reconnaître à jamais.

Le cortège nazi est maintenant en vue de la Chambre des députés. Quelques minutes plus tard, on apprendra que le Chancelier Hitler vient de descendre à pied le boulevard Saint-Michel avant de visiter l'Hôtel de Ville.

Vers huit heures, satisfait de sa visite de Paris, le maître du Reich prend place dans le gros quadrimoteur beige à croix gammée ; l'avion décrit, à faible altitude, plusieurs cercles au-dessus de la ville, puis il disparaît, absorbé par la brume légère de la journée d'été.

Avant le départ, le Rittmeister Karl Hompfer avait pris la précaution de débarrasser délicatement le Führer de son long manteau blanc au profit d'une simple capote de voyage de cuir brun.

Pierre Laval, vice-président du Conseil, fut informé par Fernand de Brinon, le 11 décembre 1940, qu'à la suite de sa visite à Paris le 23 juin, le chancelier du Reich Adolf Hitler avait décidé de rendre, dans un geste qui se voulait amical envers la France, la dépouille de l'Aiglon et que celle-ci serait dans les plus brefs délais transférée de la crypte de l'église des Capucins de Vienne, vers Paris, où le cercueil serait remis aux autorités françaises en l'église des Invalides, avec la volonté expresse du Führer que l'Aiglon repose ainsi auprès de son père. La promesse faite à l'empereur dans l'au-delà le 23 juin serait ainsi tenue.

15 décembre 1940, une heure du matin. La terre de France enfin semble tressaillir de bonheur à ce moment ; elle va quitter son deuil un instant pour recevoir après plus d'un siècle l'enfant impérial, Napoléon II « le fils de l'Homme », comme l'ont poétisé Barthélemy et Méry.

Cendre inanimée, un temps déracinée loin des entrailles de ta nation chérie, vers le grand tombeau où, à l'intérieur, tonne la voix de la grandeur française, tu te diriges maintenant vers lui ton seul père.

Cependant, peu de monde pour ce retour. Ignorant l'événement, le peuple de Paris dans cette nuit noire est plongé dans un sommeil d'hiver profond ; il ne peut ainsi de ses yeux voir, parmi les occupants et ceux de Vichy, les Darlan, les Marcel Déat, les Sacha Guitry ; l'on aperçoit aussi des membres de la famille impériale et d'autres de la noblesse d'Empire, la princesse Napoléon, des descendants de Murat, de Suchet, et bien d'autres encore, venus au nom de la France accueillir le duc de Reichstadt. Paris ne pleure plus ce fils de France rentré en son sein.

Otto Abetz, dans la chapelle où règne une forte odeur d'encens, se tient devant le catafalque où doit être déposé solennellement le cercueil ; ordre du Führer : il conduira la remise du corps à l'autorité française. Au milieu d'une rangée de torches tenues par des gardes républicains avancent lentement d'autres gardes portant le lourd cercueil de bronze du fils, cercueil drapé dans un long linceul tricolore ; dans la nuit résonne comme feutré un lancinant roulement de tambours.

Dans cette nuit, étrangement, ce glaçant vent du nord semble chasser un instant les brûlantes idées de haine et de vengeance ; là sont réunis curieusement l'Allemand et le Français auprès de cette étoile filante corse, l'Aiglon.

Ce Habsbourg pour les uns, ce roi de Rome pour les autres, semble, dans cette nuit magique, réunir un instant ses camps étrangers et ses bataillons de Français.

« Mon royaume n'est pas de ce monde. » Ceux qui comprennent ces paroles du Christ savent que le règne du bien ne pourra jamais exister sur cette terre.

Odette en vécut la mortelle expérience ; après une héroïque résistance, elle mourut en 1943 au camp de Mathausen.

Pierrot et Alice poursuivirent un long voyage de noces en Touraine et s'y installèrent définitivement avec Arturo après la guerre.

Riton, notre titi parisien, mourut dans la solitude la plus complète.

Charles Henry de L'Alligant, dit le commandant Juan, devint un héros de la Résistance, compagnon du général de Gaulle, il sera nommé, à la Libération, commissaire de la République.

Quant à Jeannot, la déportation et la mort d'Odette le brisèrent. Une folle aventure avec le gang des Tractions Avant lui coûta plusieurs années de prison, puis le beau gosse de la pègre régna encore plusieurs années sur Marseille sous le nom du « Manouche ». Il fut tué un jour de malchance par un des hommes de Mémé Guerini.

Son esprit reviendra-t-il un jour parmi nous ?

Les esprits moqueurs jouent de la patrie, comme des enfants le feraient en indiquant de leurs frêles doigts la direction où vont mourir leurs plaisirs frémissant de honte.

Les âmes sauvages et cruelles viennent parfois montrer leurs gentes comédies, fardées de grimaces, la voix antique et profonde d'ennui, prête à tout pour masquer la vérité : « Que devient l'âme à l'instant de la mort ? »

Les glaçantes horreurs, liberté chérie, nous ont préparé à trépasser de ta main, crime adoré et bon sens insulté, nous venons, Français, vers toi, oublier le passé et mourir à nouveau au petit matin de Paris.

France ! ô belle contrée, ô terre généreuse, oublie un peu ton passé de pardon, et sois pour demain encore le refuge de ceux qui t'ont menti, qui t'ont trahie et bafouée, ils reviennent te violer, reste la bouche muette, Dieu le veut puisqu'il t'abandonne.

fin

ORIENTATION BIBLIOGRAPHIQUE

Monsacré, Fernand. *La Défaite éclair* (Jean-Renard, 1942).

Kardec, Allan. *Le Livre des esprits* (Éditions L'Hilman, 2002).

Las Cases, comte de. *Le Mémorial de Sainte-Hélène* (Flammarion, 1951).

Chénier, André. *Poésies* (Éditions R. Simon).

Bainville, Jacques, de l'Académie française. *Histoire de deux peuples* (Flammarion, 1940).

Les Années 40, numéro 9 (Tallandier/Hachette, 1978).

Cointet, Jean-Paul. *Paris 40-44* (Perrin, 2001).

Delpla, François. *Hitler* (Grasset,1999).

Regenbogen, Lucian. *Napoléon a dit* (Les Belles Lettres, 1996).

Napoléon stratège (*Historia*, numéro 43, 1996).

CET OUVRAGE
A ÉTÉ ACHEVÉ D'IMPRIMER SUR ROTO-PAGE
PAR L'IMPRIMERIE FLOCH À MAYENNE
EN JANVIER 2004

Éditions du Rocher
28, rue Comte-Félix-Gastaldi
Monaco

Dépôt légal : janvier 2004.
N° d'édition : CNE section commerce et industrie
Monaco : 19023.
N° d'impression : 59138.
Imprimé en France